U0682828

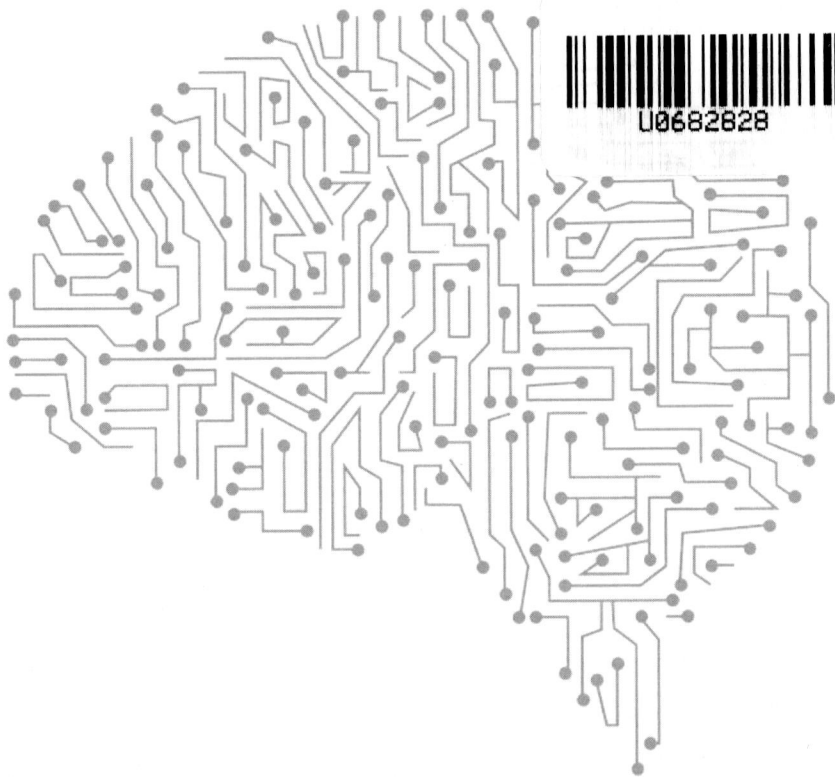

智造工匠培养的
"制作习得" 教法革新

颜志勇　刘笑笑　刘　彤◎著

辽宁人民出版社

ⓒ颜志勇　刘笑笑　刘彤 2022

图书在版编目(CIP)数据

智造工匠培养的"制作习得"教法革新 / 颜志勇，
刘笑笑, 刘彤著. — 沈阳：辽宁人民出版社, 2022.11
ISBN 978-7-205-10585-3

Ⅰ.①智… Ⅱ.①颜… ②刘… ③刘… Ⅲ.①高等职
业教育－创造教育－教学研究 Ⅳ.①G717.38

中国版本图书馆CIP数据核字(2022)第183998号

出版发行：辽宁人民出版社
　　　　　地址：沈阳市和平区十一纬路25号　邮编：110003
　　　　　电话：024-23284321(邮　购)　024-23284324(发行部)
　　　　　传真：024-23284191(发行部)　024-23284304(办公室)
　　　　　http://www.lnpph.com.cn
印　　刷：辽宁新华印务有限公司
幅面尺寸：170mm×240mm
印　　张：14
字　　数：210千字
出版时间：2022年11月第1版
印刷时间：2022年11月第1次印刷
责任编辑：张天恒　王晓筱
装帧设计：中知图印务
责任校对：刘再升
书　　号：ISBN 978-7-205-10585-3
定　　价：68.00元

前 言
/ PREFACE /

　　创新是一个国家不断发展进步的长足动力，也是一个国家提升综合实力的有力助推器。一个没有创新能力的国家，不可能实现自身发展，更不可能提高在国际上的影响力。目前，我国对自主创新高度重视，并不断根据国情制定相应的方针政策。在党的十九大报告中，习近平总书记又一次重申了此举的重要意义，从全方位、多领域进行了高瞻远瞩的战略部署。同时也对当代青年和广大知识分子提出了更高的要求，以科技创新驱动经济发展，是每个人的时代使命和义不容辞的责任。

　　高职教育在我国教育领域中地位独树一帜。它既是高等教育的重要一环，又不同于普通的高等教育。高职教育的最终目的是培养操作性较强的专业人才，使他们能够快速适应工作，并成为行业中的优秀人才。高职院校毕业学生为社会生产和经济发展提供充足推动力，将科学研究与生产应用相结合，既可以从事生产线上的技术攻关和操作，又能够实现相关领域人员、技术等多方面的有效管理，是将产、学、研充分融合，以打造具有特定专业领域知识的高水平科研、操作型人才为终极目的的专业人员。高职院校理应将培养出具有上述要求的人才作为自己的办学宗旨和培养目标,立志成为培养高级应用型人才的摇篮,这是时代的选择,更是时代的使命,每一所高职院校都应该乐于、勇于担此重任,迎难而上。青年人的创新能力直接决定了一个国家科技水平能否实现有效地提升,对于高职院校的学生来讲,创新能力则决定着学生能否实现个人技能的提升以及相关技术领域创新水平的进一步提升。所以面向高职院校学生创新能力提升的"制作习得"创新就显得尤为重要。

基于此,分析创新能力的内涵以及创新能力培养的内容与措施,研究基于"制作习得"教法的实践教学、实训基地、创客教育、产学研合作的教育教学,探讨基于"制作习得"教法的课程创新和智慧化教学创新,对于提升学生创新实践与动手能力,培养学生创新精神,走出一条独具特色、彰显个性、与时俱进的中国特色高职教育道路具有重要意义和价值。

目 录
/ CONTENTS /

第一章 绪论 ……………………………………………………1
　　第一节 创新能力的内涵及培养目标 ……………………1
　　第二节 创新能力培养的基本内容 ………………………14
　　第三节 创新能力培养措施 ………………………………24
　　第四节 创新能力的开发 …………………………………29

第二章 基于"制作习得"教法的实践教学创新 …………34
　　第一节 实践教学概述 ……………………………………34
　　第二节 实践教学资源 ……………………………………49
　　第三节 电工电子实践教学探析 …………………………54

第三章 基于"制作习得"教法的实训基地研究 …………69
　　第一节 实训基地建设的内容及原则 ……………………69
　　第二节 校内实训基地的建设与管理 ……………………76
　　第三节 校外实训基地的建设与管理 ……………………87

第四章 基于"制作习得"教法的创客教育研究 …………99
　　第一节 创客教育的内涵与特征 …………………………99
　　第二节 创客教育的理论基础与构成要素 ………………109
　　第三节 发展创客教育的策略研究 ………………………113

第五章 基于"制作习得"教法的产学合作研究 …………125
　　第一节 产学合作的概念与要素分析 ……………………125
　　第二节 产学合作长效机制及其构成 ……………………137

第三节　构建产学合作长效机制的策略 ……………………147

第六章　基于"制作习得"教法的课程创新研究 …………159
　第一节　课程开发概述 ………………………………159
　第二节　课程内容安排 ………………………………165
　第三节　课程实施设计 ………………………………175
　第四节　课程评价设计 ………………………………182

第七章　基于"制作习得"教法的智慧化教学创新 ………188
　第一节　教学方式创新 ………………………………188
　第二节　教学过程创新 ………………………………197
　第三节　教学模式创新 ………………………………205

参考文献 …………………………………………………216

第一章 绪论

第一节 创新能力的内涵及培养目标

一、对创新能力的一般认识

人们对创新能力的早期探索可以追溯到古代。古代先哲对于这种神秘的能力有着强烈的好奇。比如,古希腊的柏拉图与亚里士多德都曾描述和分析过他们各自眼中的创新能力,但观点却并不相同。柏拉图认为,创造过程是由于人受到神的启示并感受到神的狂热而形成的,创造时产生的灵感来自一种外在的神秘的力量。而亚里士多德的观点与此不同,他并不认为创造性产品来源于神秘的力量或是独特的神的启示,他认为创造过程和人的其他认识过程一样,遵循着自然法则和逻辑的步调。尽管人们对创新能力的认识较早,但由于条件所限还一直处于粗浅的阶段,只有在社会发展促进学科的发展和分化,特别是在脑科学、心理学等学科形成和兴起之后,人们才开始逐步揭去创新能力的神秘面纱,对它有了较为清晰的认识。

(一)创新能力与大脑

人的创新活动归根到底是由大脑来具体执行操作的,大脑对于人的创新能力有什么样的影响,这些影响是否完全受制于人的先天遗传,这个问题引人关注。

创新活动中具有不同结构特点的大脑是我们通过遗传先天获得的,还是在后天活动中逐步形成的呢?虽然大脑形成和活动是一个不能实时监控和测量的"黑箱",但是,一些相关研究却可以为我们提供解释这一谜团的方向。这些研究表明人的大脑并不是一成不变的,而是会在后天的环境、活动中发生变化,也就是说,大脑具有可塑性。经常被引用也具有影响力的研究是美国加利福尼亚大学伯克利分校的科学家黛尔梦德主持下的实验研究。黛尔梦德是世界上专门从事大脑可塑性研究的著名脑科学家之一。她一直研究复杂环境和简单环境对于老鼠大脑的影响,与同事在实验室用老鼠做了近40年的实验研究,发表了150多篇科学论文。1964年,黛尔梦德发表的论文《复杂环境对大脑皮层组织的影响》,改变了长期以来科学界对大脑的看法,研究提出了大脑的结构可以改变的观点,而大脑结构的改变源于经验。同年,黛尔梦德科学小组又发现:复杂环境中的老鼠与简单环境中的老鼠相比,它们大脑皮层中神经细胞体之间的距离更远。研究人员推测,由于复杂环境的刺激,老鼠大脑皮层中的神经元能够长出更多的分支,这些分支使得细胞体之间距离更远,而且至少部分地增加了大脑皮层的厚度。

黛尔梦德也曾经研究过爱因斯坦的部分大脑,她的科学小组在研究了爱因斯坦的4个脑区后发现,爱因斯坦的神经胶质细胞比普通人要多。虽然他们不知道爱因斯坦是天生如此还是后天形成的,但是,爱因斯坦最发达的一个脑区证明他有过更多的智力加工活动。她认为,神经胶质细胞与神经元的比率在爱因斯坦这样一些天才人物的智力方面可能会起作用,而这种高比率可能来自刺激所引起的可塑性。

由此可见,虽然创新人才特别是高创新性人才在大脑结构上与其他人有所不同,但是这些差异并不是或者并不完全是先天遗传获得的,我们应当看到后天的影响对创新人才的成长起着不可忽视的作用,这就为我们打破宿命论,积极培养创新人才提供了前提和理论基础。

(二)创新能力与智力

心理学在研究创新能力的时候,不可避免地会遇到创新能力与智力的关系这一问题,这也是困扰心理学多年的一个问题。关于这一问题,美国著名心理学家斯腾伯格在1999年曾列举了已有研究的五种观点,即:创新能力是智力的一部分;智力是创新能力的一部分;智力与创新能力之间有部分重叠;创新能力就是智力;创新能力与智力无关。上述观点各有支持者和理论,从而带给人们一定的困惑。对此,我们将从水平和发展过程两个方面来分别考察,从而可能会得出创新能力与智力之间关系的一般性结论。

1. 创新能力水平与智力水平

首先需要对智力进行解释。一般认为智力是人从事多种活动所必需的各种认知能力的有机组合,又被称为"一般能力"。智力是由观察力、注意力、想象力、记忆力和思维能力五种基本元素构成的,在这五种元素中,思维能力居于核心地位。衡量智力的指标是智商(IQ),它标志着一个人的智力水平。在对智力水平和创新能力关系的研究中,长期以来存在两种有分歧的观点:一种观点认为"高智商必定会有高创新能力",另一种观点则认为"高智商未必会有高创新能力"。

前一种观点出现得最早。这种观点认为智力水平与创新能力水平之间存在着明显的正相关——一个人智力水平高相应地就会有比较高的创新能力,反之亦然。

随着研究的深入,人们逐渐对智力水平和创新能力水平之间的关系得出了一种新的观点,这种观点可以称得上是第三种观点,也是目前最被人认可的一种观点。这种观点认为高创新能力对智力水平有一定的要求,"一定的智力水平"就像是一个门槛,当智商超过了这个门槛,智商对人的创新能力水平就不会产生太大的影响,这种观点又被称为"门槛说"。"门槛说"的支持者之一、美国心理学家巴伦曾研究许多学科领域中的创造力与智力间的关系。他发现,总体上二者存在中等程度的相关,而在IQ超过120时,二者之间的相关就会减小。也就是说,高创造力、取得杰出成就的创造力对智力有最低的要求,可能是120,而超过这一智力水平时,其他因素对于创造力的影响更为突出。

至此,对于创新能力水平和智力水平之间的关系人们有了更深入的认识。创新能力和智力水平并不是呈线性关系,较高的智力水平是高创新能力的必要条件,却不是充分条件。低智商不可能会有高创新能力,高智商可能会有高创新能力也可能有低创新能力。

2. 创新能力发展与智力发展

个体智力的发展不是等速的,一般是先快后慢,到了一定年龄则停止增长，随着人的衰老智力开始下降。许多研究都表明，出生后的头几年是智力发展最快的时期。有些心理学家认为，幼儿期是智力发展的关键期。这个阶段的儿童，在良好的环境和考试影响下，智力发展得特别迅速①。

除了在发展曲线上存在明显差异，创新能力发展的高峰时期也与智力发展不同，总体上看比智力发展要推迟一段时间。至此，我们可以对创新能力和智力之间的关系形成一个基本的认识：创新能力与智力确实存在着一定的联系，智力是创新能力形成和发展的基础，创新能力需要个体的智力发展成熟并达到一定的水平。但是，我们也可以看出，创新能力的发展还需要有其他的条件，需要有其他因素来支持，创新能力比智力要高级、要复杂许多。在构成上尽管创新能力也需要有思维能力、观察力、注意力、想象力、记忆力，但是一些不利于创新的思维方式应当不在创新能力的构成范围之列，智力只是与创新能力有所重叠。

二、教育学视域下的创新能力

（一）教育学视域下的创新能力概念

创新是和人的发展、社会的发展息息相关的话题，自然也会成为许多学科的研究对象，不仅心理学、教育学需要研究，哲学、社会学、历史学等多个学科和领域也要对其进行研究。因此，关于创新能力概念实属纷繁多样。仅就心理学的研究来说，因为研究者个人所持的哲学观点和立场不同，对于创新能力的解释也有很大分歧，形成了如同盲人摸象的状况。

根据产品新颖程度的不同，研究又将创新能力分成三个层次：第一层次是个体意义上的创新能力，创新是对于活动者本人而言的，是活动者以往从没有想到的或做到的；第二层次是群体意义上的创新能力，创新是对于创新者所在的群体而言的；第三层次是社会意义上的创新能力，创新是对于整个社会而言的，是前所未有的，具有社会价值。需要说明的是，三种层次的创新能力在外延上是一种相互包含的关系。第一层次

---

①钱昭楚. 大学生创新能力的价值内涵及培养路径[J]. 中国成人教育, 2016(1): 83-85.

的创新能力外延最大,群体意义和社会意义的创新能力也都在个体意义创新能力的范围内,但个体意义上的创新能力中有一部分是既不属于群体意义也不属于社会意义的创新能力。正是根据心理学的这种理解,教育学的一些研究也这样来界定创新能力的概念,而且认为针对中小学生来说,创新能力主要指的是前两个层次的创新能力。

需要对上述创新能力概念从学科视角进行审视。从心理学的角度看,心理学研究创新能力的目的在于揭示创新的心理过程、心理机制、心理结构等,也就是在于说明"创新是如何发生的"。由于不论何种程度的创新在个体心理上的过程、机制都具有一致性,因此心理学上的创新能力概念应该取的是"个体心理上创新"的视角,也就是个体意义上的创新。对于这一点,美国心理学家博登曾做过很好的说明。他说:"心理学意义上的创造力关注的是这样一些观念(不管是在科学、刺绣、音乐、绘画,还是文学等任何领域中),这些观念对具有该观念的个体的心理来说具有根本的新颖性。历史学意义上的创造力则适用于对整个历史而言具有根本新颖性的观念。"据此,他还将创造力区分为心理性创造力和历史性创造力两种,认为在这二者之间存在着若干不同层次和程度的创造力。由此可以看出,心理学研究并不注重创新结果对社会发展或社会历史产生的影响,而是强调创新心理活动确实在个体心理上发生了。那么,从教育学的角度看,创新能力又该如何界定呢?

教育学与其他学科相区别的研究视角在于"培养人",教育学解释和界定创新能力概念应服从于"培养人"的目的。从这一点出发可以看出,如果将创新能力认定为有社会价值的创新或有群体意义上的创新,必然会导致一部分学生甚至大部分学生不在创新能力的培养之列,而这却与教育特别是基础教育的目的指向性相背离。基础教育的目的应在于促进所有学生的全面发展,教育培养学生的创新能力在于使每个学生的创新能力都能够不断地得以提高,在于使每个学生的创新潜能都能不断地转化为现实的创新能力。因此,以培养和发展学生创新能力为目的的教育活动,应关注的是个体意义上的创新能力,从而最大程度地促进每个学生创新能力的不断发展。

这正像美国哲学家、教育家杜威所说的："在教育上可以得出的一个结论就是：一切能考虑到从前没有被认识的事物的思维，都是有创造性的。一个3岁的儿童，发现他能利用积木做什么事情；或者一个6岁的儿童，发现他能把5分钱和5分钱加起来成为什么结果，即使世界上人人都知道这种事情，他也是发现者。"所以，教育学视域中的创新能力同样是"个体意义上"的创新能力，但是与心理学的立足点却不相同。基于此视角，我们可以将教育学视域中的创新能力界定为：学生在解决问题的过程中产生出具有恰当性和个体意义上新颖性产品的能力。

（二）教育学视域下的创新能力培养

心理学研究并不专注于"如何培养人"，但许多心理学家在相关创新能力研究的基础上也提出了培养创新能力的目标、策略等，对此我们需要从学科视域上进行分析。

1.培养学生创新能力的目标

要确定创新能力的培养目标需要先明确创新能力的心理结构，明确个体心理中哪些是形成创新能力所不可缺少的，而这些不可缺少的要素之间又是怎样的一种关系。目前，关于创新能力心理结构的研究可以说纷繁复杂、各有说辞。但是，分析主要观点并进行归类的话，大体可以归为以下四类。

（1）人格观

这种观点认为，创新能力是特殊人格的一种外在表现，人格提供了创新的内部动力。"人格观"较早是由精神分析学派提出来的。精神分析学派的奠基人弗洛伊德认为创新能力是本我欲望的升华，没有被满足的无意识驱力导向了建设性目的，使人的活动表现出创造性。这种创新的人格理论很快被人本主义心理学家提出的人格理论所取代。在人本主义心理学家看来，成就是人格放射出来的副现象。而创新人格是健康性的，具有大胆、勇敢、自由、明晰、自我认可等品质。

（2）智力观

这种观点认为创新能力是智力的高级表现，创新能力的结构是一种具有特殊性的智力结构,其中创新思维是结构中的核心成分。"智力观"可以以美国心理学家吉尔福特为代表。在吉尔福特提出的智力模型中,内容、操作与产品是模型的三个维度,操作维度上的发散性思维是创新能力的核心。吉尔福特认为,发散性思维的主要成分包括思维的流畅性、灵活性、独创性和精细性。流畅性是一种能够产生出许多观念的思维品质,灵活性是一种能够从不同的角度产生出观念的思维品质,独创性强调能够产生出不同寻常的、独特的见解,而精细性强调的是思维能够进一步改进原有的观念,从而使人从多种角度的思考中进行筛选,进行思维的聚焦。

(3)人格与智力同构观

吉尔福特对发散思维的研究使得人们认为对创新能力可以进行操作,培养学生的思维特别是发散性思维能力开始流行起来,一些心理学家和教育工作者发明了许多的训练思维的技法。然而,实践中人们发现创新能力的培养并不如此简单,仅仅强调认知特性而忽视个性心理的作用,很难全面、系统地把握创新能力的特征,创新能力不仅包括智力因素,还应包括非智力因素。这样就形成了创新能力由创新思维和创新人格共同构成的观点。持这种观点的人比较明确地肯定:创新能力包括创新思维能力和创新人格。创新思维能力是创新能力的核心,它集中表现为思维具有流畅性、灵活性、独创性、精进性的品质,而创新人格集中表现为创新的个性品质,如好奇心、想象力、挑战性和冒险性等。

(4)多维度结构观

20世纪80年代后期,一些心理学家认为必须关注知识技能在创新能力发展中的作用,这样就形成了创新能力是由创新思维、创新人格和知识技能等多个维度、多种因素共同构成的观点。这种观点可以以美国心理学家斯腾伯格和艾曼贝尔为代表。斯腾伯格认为,创新能力由三个维度六种因素构成。三个维度分别为智力维度、认知风格维度和人格维度;六种因素为智力过程、知识、认知风格、人格特征、动机、环境,六种因素主要是从三个维度中提取出来的。其中,"智力过程"包括元成分、执行成分和获得成分三个方面。元成分是解决问题的元认知成分,在创造性问题解决中起到计划、监控和评价的作用;执行成分包括编码、推论、图示、应用、比较、判断、反应等步骤;获得成分,是创新能力中顿悟的主要组成成分。六种因素中的"知识"是指在创新中起作用的有关经验体系和知识结构。"认知风格"是指智力活动的风格或倾向性。"人格特征"表现为具有忍受模糊的能力、克服障碍的意愿、成长的意愿、敢冒风险、自信等品质。对于"动机"因素,斯腾伯格强调动机必须是内在的而不是外在的。创新能力构成因素中的"环境"可以通过传播、支持、评价和修正创新思想来支持创新活动。上述六种因素中,环境因素是外在于个体的因素,其他五种则是个体所应具备的内在的心理因素。

因为对创新能力心理结构的认识不同,研究者在培养创新能力上会确定不同的目标。比如,人本主义心理学家会注重创新人格的培养,培养学生具有自信、大胆、乐观等健康人格,强调采用非指导性的教学来实现。吉尔福特会注重创新思维特别是发散性思维能力的培养,他提出的24项发散性思维加工策略就是针对此设计的。持"智力与人格同构观"的人会强调创新思维、发散性思维、直觉思维、想象能力以及探究欲、冒险精神、创新意志等的培养,而持有"多维度观"的研究者会在"智力与人格同构观"的基础上关注知识技能培养。当前,除了"人格观"不被太多人认同以外,其他三种观点都有比较多的支持者。从这种状况看,心理学研究在为我们提供材料和基础的同时,也给我们带来了困惑,让我们在确定创新能力培养目标时站在了一个有多个选择的岔路口。那么,在借鉴心理学关于创新心理结构研究的时候,我们又应该如何确立培养学生创新能力的目标呢?

对于此,仍然需要从学科视角进行分析,看到不同观点有其不同的理论立足点。"智力观"立足于心理学中"能力"的视角,将创新能力放在"能力"的范围中进行研究。心理学认为,能力就是一种使人顺利完成某种活动的心理特征,智力是一般的能力,且其核心就是思维。从这种观点出发,创新能力培养就应当培养创新思维、创新想象能力等。而"智力与人格同构观"的出发点是将创新能力放在心理学的范围内来进行研究。

一般来说,心理学的研究范畴包括心理过程、心理特征、个性心理倾向三大部分。对于"知识",心理学只研究知识获得和形成的心理过程,却不将知识本身作为研究对象。立足于此,创新能力的构成成分自然就不能将知识包括进去,创新能力的培养也绝不会包括知识的培养。而"多维度结构观"正是基于以往研究的这种缺陷提出来的,认识到创新能力的构成必须考虑到知识以及技能的作用,创新能力的形成是多种因素共同作用的结果。这种"多维度结构观"突破了以往学科框架的局限,从创新能力形成所需要的各种因素入手来进行研究,研究表明影响创新能力形成的因素既是多样的又是综合的。"多样"表现在:创新能力的构成因素不仅包括智力因素,而且包括非智力因素;不仅包括思维、人格因素,而且还包括以往研究所不关注的知识及技能方面。"综合"表现在:这些因素不是彼此孤立而是相互作用、相互影响的,创新能力是多种因素综合作用的产物。

在这样的认识和分析下,我们从教育学的学科特点出发,应该看到教育学研究创新能力是为了更好地培养学生的创新能力,研究必须关注到影响学生创新能力形成和发展的各种因素。由于多维度的观点更全面地揭示了影响创新能力发展的各种因素,所以,创新能力的培养应当秉持"多维度结构观",致力于学生全面而综合的心理素质的培养。根据现有的研究,可以将创新能力培养目标确定为三个维度:第一,培养学生获得有助于创新的知识技能;第二,培养学生形成有利于创新的思维;第三,培养学生形成创新人格。这样看来,创新能力培养就不能只局限于学生思维能力的培养,而且在创新能力培养上必须打破知识与能力的二元对立思维,要将知识传授视为创新能力培养的一个有效组成部分。当然,并不是所有的知识都有利于创新能力培养,也并不是所有的知识传授过程都有利于创新能力的形成,这也是需要明确的。

2.培养学生创新能力的道德性要求

创新能力是一种特殊的解决问题的能力,要求在问题解决过程中必须产生出具有新颖性和恰当性的产品。在心理学的研究中,创新能力就是这样一种稳定的心理特征。对于这种心理特征,心理学并不关注它应该用在什么样的活动中,应该合乎什么样的道德要求。也就是说,这样一种能力是为社会造福还是为个人谋利,是为他人谋发展还是损人利己,是用于道德活动中还是用于非道德活动中,这些都不是心理学关注的问题。在心理学研究看来,研制出一种有杀伤力的黑客入侵软件和一种有效的防黑客入侵软件,都是一个人具有创新能力的表现。所以,心理学在研究创新能力培养策略和方法时,并没有也不会对创新能力培养的道德性予以关注。

与心理学研究不同,教育学致力于研究如何培养人,研究对人整体素质的培养和提高,我们不仅要关注学生兴趣、爱好、知识、技能、能力等的培养,还要关注学生思想品质、道德品质的培养。这样,在创新能力培养中就需要对学生的品德培养予以关注,特别是在人文学科教学中更是如此。对于此,有的人认为教育活动需要对学生的品德进行培养,这是毋庸置疑的,但是,品德培养和创新能力培养是不相关的两件事情、两类活动,创新能力培养不应涉及品德培养。

三、培养学生创新能力的可能性与必要性

(一)基础教育能够培养学生的创新能力

1.创新能力能够培养但不能通过固定的训练获得

(1)创新能力是多种因素综合作用的结果

对于基础教育能否培养学生的创新能力这个问题一直存在认识上的分歧。有的人认为,创新能力不是一种教了就会的简单技能,因此,教育包括基础教育不可能培养学生的创新能力。

这种认识主要来自对实践中创新能力培养的反思。20世纪初期,社会的发展对人的创新能力有了明显的要求,与之相呼应的是,关于创新能力的研究也取得了显著成果。一些心理学家以思维为核心从认知的角度来开展研究,杜威的《我们如何思维》、韦特海默(美籍德国心理学家)的《创造性思维》以及其后吉尔福特的《创造性能力——它们的性质、用途与培养》等著作都是代表性的研究成果。创新思维的研究带动了创新能力培养的实践,许多研究人员发明了创新思维的培养技巧和方法,有关创新思维的训练课程和培训机构也非常流行,对创新能力的培养几

乎等同于对创新思维的训练。人们试图通过相对固定的方法或程序,传授创新技能和技法,促使个体调控自身的思维过程,从而达到提高创新思维能力的目的。

通过思维训练来培养学生创新能力的做法,受到了一些研究人员的质疑,他们认为这是将复杂的创新能力培养简单化了。在实践中人们也发现,由于创新思维技法的训练通常是高度情境化的训练,这种在人为设定的情境中培养起来的创新思维实际上缺乏"生态效度",难以与真实生活中的创新思维相提并论。对于此,美国心理学家韦斯伯格指出:"某些创新思维训练确实可以提高个体在特定任务上的测验成绩,但是很少有研究表明这种训练培养的创新思维具有持久性或稳定性,也很少有研究证明它能推及到特定测验以外的情景。"通过反思人们认识到,创新能力的培养绝对不能是一种有固定操作步骤的技能训练,这种方式是绝对不能将创新能力培养起来的,教育能否培养创新能力也因而受到质疑。

人们的质疑不是没有道理的,这种将创新能力等同于创新思维,又进而等同于发散思维的做法是错误的。20世纪后期,人们更加清楚地认识到创新能力是由知识技能、创新思维和创新人格共同构成的一种复合能力,创新能力的形成是多种因素共同作用的结果,在创新能力培养上不能简单化地进行思维技能的训练,必须从知识技能、思维和人格多方面来培养学生的创新能力。其中,知识技能是人进行创新的基础,是创新活动的原料,决定着创新的领域并制约着创新能力的高低;创新思维就是有利于创新活动的思维,创新思维是创新能力的内核,是创新活动得以进行的工具和手段,没有创新思维,再多的知识技能也只能让人因循守旧地解决问题;创新人格是有利于创新的人格,它是创新能力的内部动力,左右着创新活动的方向,对创新活动的进行提供支持力。作为培养人的教育活动,最为主要的也是对学生知识技能的掌握、思维品质及人格的形成发挥作用。因此,教育包括基础教育能够在学生创新能力的发展上发挥作用,否定教育的这种作用无异于对教育活动本身存在的否定。

（2）创新能力的培养是一个复杂的过程

创新能力能够培养，但是不能通过技能训练的方式来进行，这是我们对创新能力培养所形成的认识。同时，还需要强调的是，由于各种因素是相互作用的，在培养中我们不能将三个方面割裂开来单独进行培养。既不能像开设创新技能、技法课程那样来培养创新思维，也不能像人本主义学家所主张的那样依靠人文、社会课程的学习来培养创新人格，更不能像有些人主张的那样只关注知识技能，认为创新能力会在知识技能的基础上自然而然地发展起来。这些主张都是对创新能力培养的片面认识，是一种将三个维度割裂开来单独进行培养的错误倾向，也都是违背创新能力发展内在规律的做法。创新能力构成中的三个维度虽然各自属于不同的范畴，有着各自不同的特点，但是三个维度之间并不是互不关联、彼此孤立的，三个维度之间存在着非常密切的联系，它们之间相互影响、相互作用，在影响和作用中形成了它们自身。

第一，人格与思维相互制约、相互影响。不同的人格特征使得思维具有不同的取向，或倾向于保守的常规思维，或倾向于富有挑战的创新思维。也正是基于这一点，吉尔福特认为人格特征其实也包括认知风格，有利于创新的人格特征才会使人形成有利于创新的思维。同时，思维也影响着人格特征，良好的人格特征得益于良好的思维方式。创新人格要求人具有自信心，但又不目空一切、妄自尊大；具有独立性，但并不固执己见；具有质疑精神，但并不盲目怀疑，人格特征上这种适度的张力需要以人的良好思维方式为保障。只有通过良好的思维，人才会在尊重客观事实、根据，尊重逻辑的前提下，不陷入以自我为中心的主观臆断，才会形成有张力的创新人格。因此，从这点上看，创新人格和创新思维是彼此存在的前提，二者相互影响，不存在具有创新思维却没有创新人格的情况。

第二，知识技能与思维相互制约、相互影响。知识技能是思维的内容与原料，如果没有知识技能，思维就没有了运行的内容，思维也就不复存在。不仅如此，知识技能的数量和质量还制约着思维的广度、深度，僵化而零散的知识技能只能造成思维的狭隘、混乱和僵化，思维也就谈不上创新。同时,在教学中学生的思维活动也制约着知识技能的掌握。没有能够脱离思维活动的知识技能学习,知识技能的学习总是伴随着相应的思维方式、过程,或是伴随着常规式的思维、机械僵化的思维,或是伴随着发散式思维、创新性的思维,而有利于创新的知识技能是良好思维的产物,是有利于创新的思维的产物。因此,知识技能与思维相互影响,有利于创新的知识技能和思维是在教学活动中相互作用而形成的。

第三,知识技能获得的过程也是人格形成的过程。人的任何活动既伴随着相应的思维也伴随着相应的人格特征。教学活动中,学生掌握知识技能的活动也是人格形成的过程,人格的形成离不开知识技能的学习过程,二者存在着密切的联系。在支持和鼓励创新的氛围中,学生对于知识的不同理解会受到教师的重视或肯定,学生的探索精神会受到鼓舞。反之,学生则会受到忽视或讥讽,学生的好奇心、求知欲、探索精神等也会大打折扣。因此,创新能力培养必须同时关注知识技能、思维和人格三个方面的培养,教育培养创新能力具有复杂性和艰巨性。

2. 创新能力培养重在不断提高所有学生的创新能力

创新能力不是少数天才所拥有的专利,普通人也会具有不同程度的创新能力,这是现代心理学研究所揭示的。正如吉尔福特所说的:"一般心理学家都确信:除了有病理学上的问题之外,所有人都在某种程度上拥有所有能力。因此,可以预期,几乎所有人都会有创造性行动,不管这种创造性行动是多么微弱或多么罕见。"虽然几乎所有的人都有创新能力,但是人们所具有的创新能力是不同的。

(二)教育需要培养学生的创新能力

1. 学生创新能力的发展是一个过程

在创新能力培养的问题上我们必须树立科学发展观,必须认识到创新能力的发展是一个从低级到高级的过程,基础教育阶段培养的创新能力是高等教育阶段学生创新能力发展的基础,不能将个体意义的创新能力与社会意义的创新能力相割裂,不能以打好基础来否定创新能力的培养。

2.应当看到学生创新能力的表现是多种多样的

有的人也强调学生创新能力培养的重要性,但是认为学生的创新就是表现在学科学习活动中的创新,既然创新是一种解决问题的活动,那么学生的创新就是解决教师提出来的学科学习中问题的能力。这种能力较为明显的就是一题多解的能力,就是一种学生能够自己找到解决数学、物理等学科问题的能力,类似于高斯对于数学中算术级差方法的获得。很显然,这种对学生创新能力的认识有两个特点:一是问题必须是各种学科的问题;二是问题只能是教师布置给学生的,不是学生自己寻找并自己要解决的问题。

第二节　创新能力培养的基本内容

一、创新能力的基本内容

根据人的创新能力的作用方向和实践领域的不同,人的创新能力可以分为理论创新能力、方法创新能力、知识创新能力、技术创新能力和制度创新能力五个基本方面。

(一)理论创新能力

理论主要指从对事实的推测、演绎、抽象或综合而得出的一系列原理或概念。人类在理论上的创新,是指人结合社会发展和科技进步对已有的认识进行整合分析,对原来的认识进行修正或者继续坚持,在研究新情况和总结新经验的基础上形成新的认识;是人于改造客观事物实践之前,在思维上对目标事物进行改造。在理论领域上发挥人的创新能力,可以增强理论自身的说服力和战斗力,对新实践中迫切需要解决的问题进行理论上的推演,可以增加实践成功的概率,节约付出成本,从而不断推进实践向前发展。在许多情况下,理论是要先行实践一步的,不间断地拓展理论创新的空间,发现新真理,这是实践发展的内在要求。英国著名学者A.F.查尔默斯指出,"某种知觉经验可为观察者直接获得,但是观察陈述当然不行,观察陈述是公共实体,用公共语言加以阐述,包含着具有不同程度的普遍性和复杂性的理论在所有观察陈述之前,预先有某种理论""观察陈述利用理论或者概念的框架有多么精确,观察陈述利用也就有多么精确,理论先于观察"。

实现理论创新向实践创新的转化是理论创新的最终目的,也是理论创新普及化的客观要求。就源头而言,理论创新是知识创新、技术创新、制度创新和其他一切创新的基础和灵魂。理论创新会带动文化创新进而影响意识形态,有利于与时俱进地确立先进的执政理念,时刻掌握意识形态领域的话语权,理论创新对社会发展有直接的促进和指导作用。有什么样的理论,就有什么样的实践方向和相对效果,理论必须走在时代的前面,才能持续引领实践。为了更好地进行理论创新,我们首先要转变思维方式,应从原来固有的封闭性思维转向开放的发散或逆向思维。思维方式的改变是理论创新突破的基础。任何一个理论只有置于一个开放的体系,才具有包容力和成长力,否则理论就会封闭、退化直至消亡。营造一个良好与宽松的环境,有助于实现理论创新成果。要尽量解脱思想上的禁锢,在"百家争鸣,百花齐放"的氛围中开展理论创新工作。

(二)方法创新能力

方法创新能力是指对原有的方法、流程以及规划进行创新的能力,没有这种创新能力,理论创新便会是永远落实不到位的空想。方法创新首先要求人的理念向有利于创新的方向转化。在理念引导下,并有正确目标,方法创新才能带来职能创新。创新本质上是一种对事物内在联系的新发现或是知识信息内在结构相关因素的重新组合。其要害是生产要素特别是智力资源的重新配置。对智力资源的重新配置就需要人发挥方法创新能力,使创意想法变成可以有条不紊实现的方法规划。方法属于实施前的准备工作,从这一点上看,方法本身就具有预见性、面向未来性和不确定性,同时,方法具有全局性和整体性的特点,故而,方法的制定对人的智力、信息综合、预知预见以及临机决断等能力要求很高。

方法的特点决定了制定方法需要灵活,具体情况具体分析,方法制定有时需要从大局进行战略性指导,因为情况总是在变化之中,太刻板、细化的方法不利于前瞻性和机动性的特点,更是决定了方法创新的经常性和灵活性,这也决定了方法创新较之其他几类创新,具有更大的难度。有时方法的指定在关键处又需要细化,这样才能保证方法在实践中的还原度。方法是连接理论创新与实践创新的桥梁,从个人的事业规划到集体的职能转变再到国家或民族的战略调整,这些都需要发挥方法创新能力,以便及时调整实践中的行动方案,做到应时迅变,从而使配置最优,避免事倍功半或南辕北辙的结局。为了更好地发挥方法创新能力,一方面,要把握社会发展和理想目标的变化趋势;另一方面,也要充实各类知识,以适应职责变动的需要。在运用这一创新能力的同时,要与逻辑思维能力充分结合,以便将横向和纵向的线索进行整合排列,得到正确有效的方法与方案。

（三）知识创新能力

知识是客观事物的属性与联系的反映,是客观世界在人脑中的主观映像。随着时代的发展,人们越来越认识到科学知识对人的重要性,科技生产力已经成为生产力、竞争力和经济发展的关键,成为创造性生产活动的驱动力。知识创新能力体现了探索、发现和更新知识的能力,是知识生产力的先导。知识经济时代的本质表明先进生产力的定向、定性和定位都应该体现在科学技术的更新上,因此,科技进步的强大生命力为经济发展的可持续性提供了可能,也使代表先进生产力的思想具有可操作性。随着时代的变迁,知识的性质也在发生改变。它已经从客观的、可表述的知识变形为主观的、构建性的知识。

这种改变客观上要求必须重视发挥知识创新能力,以应对时代变化提出的新要求。运用知识创新能力对落伍的知识进行更新,对传统知识进行升华,对急需知识进行填空,进而为人类社会进步提供动力。要提升知识创新能力,在当今知识日新月异的环境下必须不断补充和更新自己原有的知识,才能跟上时代的步伐,因此,终身学习已成为个人立身社会不可或缺的支撑点。在知识经济时代,知识成为发展经济的主导力量,并已成为生产力的驱动因素和先导因素,而知识生产力向现实生产力转化的能力又取决于创新能力的高低。知识和能力是互相促进、互为依托的,没有知识的能力很难达到先进性层次,而不利用知识去进行创新是经不起考验的。知识是人脑创造的产物,同时又是人进行创造的原料、工具和基础,是人具有创造能力及其力量的源泉。整体上讲,发挥人的知识创新能力,其方向是将单一学科的知识点、知识线和知识面转向多学科交叉的知识环、知识链和知识圈。

(四)技术创新能力

技术创新是指技术上的改进和物的突破,也指在工具领域把某事物的功能作用从不可更改的变为可更改的。改进旧系统和创造新系统的技术创新与技术发明,是利用科学理论改造自然和造福人类的实践活动。科技知识只有外化和物化为推动经济发展的新技术、新工艺、新服务与新产业,才能转化为现实的生产力,才能现实地成为影响社会发展的主导力量。技术创新的重要意义无须多言,"科学技术是第一生产力"已成为深入人心的一句口号。从我国现实来看,解决社会基本矛盾需要大力发展生产力,因而加大科技创新力度是当务之急。从历史发展的角度看,技术创新让人的力量变得强大,使人拥有了征服自然的工具和能力,而且技术创新也极大地推动了人类社会的发展。

科技进步可引发社会变革,甚至推动人类社会形态的前进,并改变世界格局,变成对精神发展创造必要前提的最强大的杠杆。技术创新能力比起上述其他领域的创新能力更有据可循,它所使用的方法侧重于经验和试验,要求的是实用、经济、有效以及可行。在早期阶段,技术创新方法已经通过标准、手册等规范,变成可以通过课堂学习和现场见习方式进行传授的技巧。随着技术的发展,技术创新方法进一步严密化、精确化和程序化,其中的大部分已经可以利用机器和公式来进行,避免了人的大量重复劳动,使人的智慧集中到更复杂、高难度和创造性更强的关键问题的解决,提高了工作效率和成功率。技术创新能力是最为显化的创新能力,也是终端的创新能力,故而技术创新能力被许多人在实践活动中直接等同于全部的创新能力。

德国哲学家恩斯特·卡西尔曾经说过:"科学是人的智力发展的最后

一步,并且可以被看成人类文化最高最独特的成就。在我们现代世界中,再没有第二种力量可以与科学思想的力量相匹敌。它被看成我们全部人类活动的顶点和极致,被看成人类的最后篇章和人的哲学的最重要的主题。"这种说法有些偏颇和极端,正确的态度应该是恰如其分地看待科学和技术上的创新。美国著名心理学家阿瑞提指出:"单单靠科学上的创造力是不能解决人类一切领域里的不幸和苦恼,甚至可能给世界上的生活增加潜在的危险。而在伦理学、政治学、社会学和宗教方面的创新能够回答人与人之间的信任以及互相帮助而提出来的问题,艺术、文学和音乐也是必不可少的条件。"如果说科学技术是知识经济的生命线,那么,人及其所依存的社会文化形态则是科学技术的生命线,而先进的思想、高尚的情操以及坚强的意志等精神因素,就是生命线的生命线了。所以,在知识经济时代,不能一条腿走路,技术层面的创新固然重要,但是必须和其他方面紧密结合起来,才能实现持久、快速、健康以及有序地发展科技、经济与社会。

（五）制度创新能力

制度创新能力是对政治、经济、文化、科技以及人才等方面的管理总模式进行改革、创新和完善的能力。计划经济时代的体制,由于民主性、多元性、宽松性、自创性与交叉性不够,严重影响了人的创新能力的发挥,只有从制度上革新,才能为理论创新、方法创新、知识创新以及技术创新提供保障。制度对社会的各要素及社会的运行都有着重要的制约与保障作用,社会发展的历史证明,只有进行制度创新,才能解放和发展生产力,从而促进社会进步。上层建筑和经济基础对生产力的反作用,决定了制度创新是理论创新的保障。只有创立有利于广大群众发挥创新能力的制度,才能实现整体和全局的创新局面。

只有发挥制度创新能力,加强制度创新,使各方面达到配合一致,才能使其健康发展。从制度创新能力的主体来看,制度创新能力发挥的主体不像上述创新能力那样具有广泛性,主要归属于政府部门和权力部门。在人的创新过程中,创新以理论创新为先导,以方法创新为承接,以知识创新和技术创新为结果,以制度创新为保障,形成了一个有始有终、首尾相接以及自我循环的良性体系。理论创新促进战略创新和知识创新,方法创新和知识创新为技术创新提供了可能。而知识和技术的创新发展到一定程度,必然促使理论和方法产生新的变化。这五个方面的创新能力相互作用和支撑,构成了人的创新能力的全貌[①]。

二、创新能力培养的内容

人的创新能力是由知识信息量、创新人格、创新思维和积极实践四大要素构成。而创新能力培养应包括下列范畴:①创新性思维能力:提出和理解新概念的能力、用专业术语描述新问题和规律的能力、用发散性思维分析和解决新问题的能力以及非逻辑思维的能力。②探索和开拓新领域的能力:寻求和跟踪学科发展前沿的能力、突破旧的从而丰富和形成新的学科发展体系的能力等。③获取知识、运用知识和创新知识的能力。④独立思考、独立判断和独立从事科研工作的能力:科研攻关能力、工程实践能力、市场调研能力、外语和计算机应用能力以及组织管理能力等。⑤学术交流能力:将自己的研究成果以著作或论文的形式表达出来的能力,将新的学术思想、信息或知识传递给全世界并不断提高自己在学术界影响力的能力。⑥创新能力和创新个性自我养成的能力:调整自己的创新意识的能力和激发自我创新精神的能力。

大学生欲突破思维固化和知识无活力化的禁锢,首先需要在创新思维和创新意识上有所突破,摆脱原来那种传统的心理定式,开启创新精神之门。此外,创新能力还包括创新基础、创新智能(包括观察能力、思维能力、想象力和操作能力等)、创新方法和创新环境等方面内容的整合。大学生还需要培养创新智慧,学会处理创新活动中的各种矛盾冲突,做创新的智者。由此可见,大学生创新能力的培养应包括创新思维、创新性格以及创新智慧三个层面的内容。

(一)创新思维层面

创新思维泛指个人创造新事物、新概念和新产品的思想方法,是人类创造性的操作化、具体化和物质化。有学者用演绎法、归纳法、分析法、

---

①郑彦云.大学生创新创业能力培养[M].广州:暨南大学出版社,2017:120-131.

综合法以及想象等概念来表达创新思维,但这些都不够精确。美国心理学家吉尔福德认为,创新思维本质上是由聚合思维和发散思维组成的。同时创新思维还应包括辩证思维和批判思维。下面分别加以叙述。

1. 聚合思维与发散思维

聚合思维以逻辑思维为基础,它十分强调事物之间的相互联系,试图形成对外界事物理解的种种模式,追求问题解决的唯一正确答案。由此,聚合思维是一种有条理、有范围的收敛性思维,它具有方向性、评断性、稳定性、服从性和绝对性等特点。它是依据已有的信息和各种设想,朝着问题解决的方向,求得最佳方案和结果的思维操作过程。聚合思维一般包括演绎思维和归纳思维两种方法。

发散思维又称辐散思维,以形象思维为基础,它不强调事物之间的相互关系,也不追求问题解决的唯一正确答案,它试图就同一问题沿不同角度思考,提出不同的答案。

简单地说,聚合思维是把解决问题的各种可能性都考虑到之后,再寻求一个最正确或最佳的办法,而发散思维则是围绕问题多方寻求解决问题的答案的过程。也就是说,聚合思维强调对已有信息和知识的理解和运用,而发散思维则强调对未知信息和知识的想象和假设。所以,聚合思维和发散思维相辅相成、对立统一,其交互发展构成了个人创新思维的基础。

2. 辩证思维与批判思维

辩证思维泛指个人能够辩证地评估、判断某一事物和现象好坏利弊的能力。辩证思维是按照对立统一的矛盾运动形式来反映客观事物的思维活动,是人类思维发展的最高形式。辩证思维是在形式逻辑思维基础上产生的。就创新思维而言,辩证思维可包括积极进取、欣赏困境及和谐冲突等方法。

批判思维泛指个人对某一事物和现象长短利弊的评断,它要求人对周围的人和事物不断形成独立的见解。其中,激发念头可谓批判思维的关键。激发念头并不一定要寻求正确,而是要激发人们对同一事物或现象采取不同的认识。就创造思维而言,批判思维是促使人们不断破除其思想认识中种种功能固着和思维惯性的关键。总之,培养辩证批判思维,对于突破聚合思维对创造思维发展的束缚和开发个人的发散思维能力,都具有十分重要的推动作用。无论是我国古代的教育先贤,还是当今的专家学者,在对批判思维的认识上从未像西方学者那样明确地将批判思维与创新思维结合起来。所以,我们在谈论批判思维时,更多地关注怎样察觉学习中存在的问题,而非怎样去发挥个人的创造力。这使得我们对批判思维的培养上,始终跳不出质疑问答的小圈子,限制了我们对批判思维意义的认识。

(二)创新性格层面

性格泛指一个人具有一定倾向性的心理特征的总和,这些特征通常表现为个性特质。中外大量研究表明,创新不仅是能力开发实践,也是一个特质培养过程。换言之,要提高一个人的创新能力,也需要培养与创新有关的个性特质。这主要包括意志力、观察力、乐观、独立、幽默以及富于社会责任感等人格品质。

(三)创新智慧层面

智慧泛指个人认识客观事物规律并用以解决问题的能力,也可谓人生经验的高度凝聚。一般说来,一个人随着年龄的增长,其智慧程度也会不断提高。用孔子的话来讲,智者可达到"随心所欲不逾矩"的境界。这不仅是做人的最高境界,也是创新的最高境界。虽然创新活动必然是以超越既有的规范为标志之一,但并不是任何超越、突破规范的活动都是创新活动。他提出以合理性和合利益两个尺度来衡量创新的价值,这些衡量尺度强调了智慧对创新的平衡作用。可以说,在创新思维和人格条件等同的情况下,智慧的高低将成为创新成败的关键。创新智慧可以包括哲学性智慧和经验性智慧两个层面。前者包括东方哲学智慧和西方哲学智慧等,后者则包括"变通智慧""矫枉过正智慧"和"情商智慧"等。

三、高校创新教育改革的基本内容

高校是培养高层次人才的主要阵地,应该为实现这一目标做出应有的贡献,这就要求我们必须采取有效措施把大学生培养成为具有创新能力的人才。为实现这一目标,高校需要做出一系列改革措施。

（一）课程改革是培养创新能力的关键

课程的设置是培养具有创新能力人才的核心环节,只有构建起面向21世纪、面向知识经济的课程体系,才能孕育出知识经济时代高素质的人才。知识经济时代,我们面对的是瞬息万变的知识创新局面,传统的以学科为中心的课程模式所形成的学生的知识结构和智能结构已不能适应知识经济时代对人才的需要。课程结构和课程体系的构建,要求必须处理好知识传授与培养能力和培养素质的关系,要有利于大学生随着社会需要的变化而实现知识的自我更新,把社会近期需要和长远需要结合起来,使课程对学生现在有用,将来更有用。

（二）加强和改进基础课教学是培养创新能力的基础

创新需要条件,首先需要具有扎实的基础知识。能力是在掌握了一定知识的基础上经过培养和实践锻炼而形成的,丰富的知识可以促进能力的增强,强的能力可以促进知识的获取。能力主要包括获取知识的能力、运用知识的能力和创新能力,其中创新能力的培养是高校的薄弱环节。创新能力的培养不能不学习书本知识,因为掌握扎实的基础知识是培养创新能力的基础。要加强基础课教学,给学生留有今后发展的更大空间;拓宽知识范围,扩大学生视野和知识面,以利于他们萌发新知识的生长点。

（三）课堂教学是培养创新能力的主渠道

传统的课堂教学是统一性教学,教师独占课堂,造成教师教死书、学生读死书,这样不但费时费力,而且教学效率低。我们要变传统教学为创新性教学,这里的创新性教学是指以培养学生创新性为核心目标的教学。课堂实施创新性教学与学生创新能力的培养息息相关,因此,课堂教学改革势在必行。要让课堂教学成为学生充分发挥独创精神的空间,就必须由教师来创造思维活跃、畅所欲言的环境氛围。要启发学生发现问题和提出问题,科学问题总是发生在已知与未知的交界处,并用已知向未知提问的方式使未知世界的某处能被认识,而问题的解决便必然意味着某种知识的创新。

(四)以开展科技创新活动为载体,激发大学生的创新欲望

强烈的创新欲望是培养创新意识和创新能力的内在动力。然而,目前不少在校大学生十分缺乏创新欲望,这些学生习惯于机械模仿,依葫芦画瓢,既无心标新立异,又惰于举一反三,更谈不上另辟蹊径。他们从小学和中学起就养成了在学习上当知识"搬运工"的习惯,在大学学习过程中仍然发挥着强大而可怕的惯性作用,大学生缺乏创新欲望是阻碍创新能力发展的重要原因。为了克服大学生已经形成的思维惯性,必须以科技创新活动为载体,用实际内容、具体形式激发大学生的创新欲望。举办大学生科技论文大赛是行之有效的方法之一。

(五)培养大学生的学习能力是培养创新能力的落脚点

随着知识经济时代新知识的层出不穷和知识更新周期的不断缩短,只靠学校阶段性的学习已经不能满足人们的求知需求。21世纪教育的改革与发展,必须主动打破学校阶段性教育的束缚,在营造学习化社会的过程中,树立终身学习的观念。我们要研究大学生怎样学习和应当怎样学习,要教大学生学会学习。要使大学生真正会学,成为独立、高效和自主的学习者,必须使大学生具有较高的认知策略和学习策略水平,对自身的认知状况和水平有正确的评价,知道如何指导自己学习。因此,我们要普及"大学学习学"知识,进行整体学习素质教育,结合教学进行分科学习素质教育。培养造就创新型科技人才,遵循创新型科技人才成长规律,用事业凝聚人才,用实践造就人才,用机制激励人才,用法制保障人才,不断发展壮大科技人才队伍,努力形成"江山代有才人出"的生动局面。

第三节　创新能力培养措施

在知识经济时代,在竞争日益激烈的今天,只有培养出具有创新精神和创新能力的复合型人才才能去参与全球竞争,才能真正为我国的经济腾飞做出贡献。而目前我们在培养学生的创新能力方面与社会的发展还存在着很大的差距,不符合社会发展。因此,加强大学生创新能力的培养势在必行。

一、改革教学方法

想要培养提高高职院校大学生的创新能力,就必须对现有的教学方法进行改革,改变传统教育模式即教师单方面传授知识、学生听从并积累的教育方法。虽然近年来教学方法一直在进行不断更改,但是课堂教学依然是我国高校教学的主要且唯一的形式。古往今来,课堂单纯地被看作是传授知识的地方,学生的任务就是接受并积累老师传授的知识。

但是教学质量的高低可以最为直接地体现在大学生创新能力的养成上。现代教育的目的不仅仅是为了教给学生理论知识,更重要的是发展学生的实践能力和创新能力,要把培养学生的实践创新能力放在重要地位,与传授学生知识相辅相成。改革教学方法就是将教师和学生从以前的教育模式中解放出来,在教学中,教师引导学生发现问题、提出问题,针对问题做出创造性设想,再结合理论来验证自己的设想或对其进行更改。在这一过程中,学生首先要能发现问题,这就要求他们对生活进行细致的观察,能够捕捉转瞬即逝的机遇,敢于思考,敢于挑战,并果断地做出正确抉择。可是现在的学生这几个方面都比较薄弱,所以改革教学方法的一大目的就是提高学生的这些能力,让他们能够利用已学知识来帮助他们思考,而不是让这些知识禁锢了学生对事情的探究[①]。

---

① 王晓卫. 地方高校大学生创新实践能力培养的研究——以管理类专业为例[D]. 青岛:青岛大学,2017:22-30.

二、丰富教学内容,培养创新思维

与传统教学模式相匹配的就是单一的教学内容,教学计划单一、教材单一、学制单一甚至连管理都是单一的。想要培养出复合型的创新人才来适应这个越来越多样化的世界,就要让教学内容丰富起来。第一,可以通过学校和教师的努力为学生创建新平台,为学生提供培养创新思维的机会。比如在课堂中,可以以问题的形式来展开教学,在学习中多问学生几个为什么,"半引导"学生进行观察、思考、实践;在课外可以建立适合学生的实验室,组织学生进行自我管理、自我学习,达到共同提高的目的。而且老师要鼓励学生参加比赛,在比赛中将学到的知识加以实践运用,如果从课内到课外都可以为学生创造一个良好的环境,则必然能够激发学生的创新热情。第二,具备良好创新能力的基础是学生的创新思维,高职院校学生的知识储备基本已经可以进行创新,只是多数人对各类知识间的联系并不十分清楚,此时就需要寻求教师的帮助,在师生共同努力下,学生能够主动地理解知识,能够进行合理的组合,从而产生新的观念。第三,可以通过挖掘教材内容来达到丰富教学内容的目的,教师要挖掘教材实验内容潜在的乐趣和知识点,根据学生的接受能力,引导激发学生自主完成新知识的推导或证明。

三、加强实践教学

创新能力不是空口说出来的,是通过花费大量的时间和精力实践得来的,所以实践教学是高职院校培养学生创新能力的前提。我国教学大都偏重理论知识传授,但真正能够学到熟记于心的知识大多是通过动手实践,在实践中发现了问题,然后寻求解决方法,在这个过程中学到的而并不是通过理论学习得来的。但是通过学生自己去动手操作,这一整个流程下来,不需要教师再去刻意叮嘱,学生也会将应该注意的问题都牢记于心,并且在焊接过程中很有可能会出现课本上没有提及的一些问题,学生通过自己思考或相互讨论或询问教师解决问题,这时候学生的思维在飞速运转,创新能力也在悄悄提升,而且在问题解决之后,他们必然都能学到更多更实用的知识。这也是实践教学相较于理论教学最大的优势所在。

四、激发创新意识,培养创新精神

培养创新能力,第一,应让学生认识到创新思维、创新能力的重要性。对于一个民族来说,有创新才能自立于世界民族之林;作为一个现代人,唯有创新才能真正实现人生价值。为了激发和培养学生的创新意识和创新精神,教师首先应该全面了解学生,把握每一个学生的兴趣、爱好等心理特征,课题上必须选择真正适合学生兴趣和爱好的方法,使学生真正成为学习的主体。第二,教师必须放弃权威思想,建立新型的师生关系,使学生从思想上由"要我学"转变为"我要学"。

五、课堂教学模式要利于创新能力的培养

在课堂教学中,课堂是学生的主要阵地,所以必须把握好时间,深挖课堂潜力,充分发挥学生的创新能力。

第一,传授必需的知识。知识是形成能力的基础,一个知识贫乏的人不可能有较高的创新能力。教学过程由传授知识、记忆知识转变为发现信息、加工信息、研究问题、增长知识的过程。

第二,运用现代化的教学手段。在教学中,教师要善于运用电脑、电子白板、幻灯片、图片、视频等教学媒体,通过文字、图像、声音的同步结合,展示事物发展的动态过程,使抽象的理论直观化、形象化,使复杂的过程简单化、明了化,既增加了课堂容量,又为学生提供了丰富多彩的资料。采用多种教学方法,设置一些特定的情境,让学生去挖掘其中隐含的深意,学习到更新知识,提高分析问题和解决问题的能力,激发创新意识,增强创新精神,运用多媒体,精心制作及合理利用课堂教学设备和其他有利条件,会为课堂教学提供和展示出新的发展空间,有利于激发学生学习的积极性和创新意识,促进学生的创新能力的发展。

第三,训练必须有序。创新能力的培养要遵循人们认识发展规律,即由易到难、由表及里、由简单到复杂。要善于运用创新思维训练的方法,来促进学生创新思维的发展,不要限于让学生听见、记忆、复述,要积极创设智力上有挑战性的问题情境,让学生通过自己一系列思维的加工,

产生更高一级的思维认识过程,发展其创新能力。

第四,创设良好的学习氛围。教师应根据不同的教学内容、课型和学生实际,采用多种方式创设学生主动学习的情境、探究的情境、竞争的情境、民主的情境、激动的情境等,使学生产生主动学习的愿望和行为,善于积极思考,敢于大胆质疑,感受民主和谐的氛围,感受教师的热切希望,体验成功的快乐。

六、广泛开展课外活动

创新能力的培养,离不开课外活动的开展,课外活动应充分发挥学生的主体作用和自主能力,让学生主动学习、大胆实践,在实践中接受锻炼;在组织学生活动的形式方面,应指导学生开展具有一定深度、广度的学习活动,尽量让学生独立观察、思考、表达、质疑;结合教学实际,可以组织学生开展辩论演讲、社会调查、课外阅读、社会服务等活动。各学科的作业,不应该让学生去机械性地抄写,应当给学生布置应用性较强的作业;尽量不限制思考的方向和范围,让学生自由地提出问题、解决问题;引导学生对已有的答案提出质疑;加强实践性作业,开展社会实践活动的时间应予保证,并使绝大多数学生能够参与,形成个人独立活动与同学们的合作活动、全班共同活动的动态组合。广大教师和所有的教育工作者,应当顺应时代的要求,树立创新的教育观念,不断改进教育教学方法,在教学过程中和其他教育教学活动中,充分发挥学生的主体作用,充分挖掘学生的创新潜能,充分开发学生的智力潜能,使学生的创新能力得到应有的提高,以适应教育面向未来、面向世界、面向现代化的基本要求。

七、重视课堂教学,改革教学方法

课堂教学质量的高低直接影响着大学生能力的培养。在我国,课堂教学依然是我国高校教学的主要形式。长期以来,学校把课堂看成单纯传授知识的场所,教学的任务就是向学生传授知识,学生就是接受和储存知识。然而,科学的教育学告诉我们,现代教育、教学的任务不只是传授知识,更重要的是培养和发展学生智能,把培养学生的创造能力放在重要地位,特别是运用已有的知识去获取新知识的能力和勇于探索、勇于创新的创造能力。因此,我们的教育既要重视知识传授,更要重视学生智能培养,特别是创造能力的培养,并把二者结合起来。对创造性劳动而言,以下几个步骤十分重要:发现问题、提出问题;针对问题提出创造设想,用周密的理论和实践手段来验证自己的设想;当研究中出现新的线索时具有敏锐的观察力,捕捉机遇并做出正确的决策。而对目前的学生而言,在以上几个方面是比较薄弱的,这与现行的教学方法分不开。因此,在教学过程中,要用基本的知识来发展学生的思考能力,而不是把它作为教条来填充学生的头脑;要强化问题意识,要结合教学把本学科当前存在的问题向学生交底,以激发学生的求知欲和探索精神;要鼓励学生大胆提问,对现行的书本和讲课内容提出评论性的意见。

八、设计利于创新教育的课外作业

课外作业是教学过程的重要组成部分,它对发展学生思维的独立性,促进技能、技巧的形成是极其有益的,也是对课堂教学所获得的知识、技能、技巧的进一步巩固。作业的形式要新颖、富有趣味性,应避免枯燥无味的简单重复和机械训练,要能引起学生浓厚的兴趣。有兴趣的事物能诱导学生乐意从事和获取。做作业也是这样,富有兴趣的作业题具有一种吸引力,能促使学生充分发挥自己的智力水平去完成它,把完成作业作为自己的一种内在需要,形成一股强大的内在动力。只有这样,才能驱使学生主动、精细地去观察、分析和思考。作业内容要富有挑战性。课外作业设计既要源于课堂教学,加深印象,又要略高于教材,努力提高学生分析问题、解决问题的能力。同时作业要加大实践操作的比重。动手实践能够激发学生创造的欲望和灵感,能调动其各种感官配合工作,有效地刺激大脑皮层,使大脑处于一种高度的兴奋状态,有利于学生学活知识。

九、打破单一的教学模式,构建创新人才培养模式的多样化

随着时代的发展,社会对人才的需要呈现多样化的趋势。因此,要打破以往的单一教学模式,从而实现培养模式多样化、培养方案个性化。

培养模式的多样化,即要打破单一的培养模式,采取灵活多样的培养方式。培养方案个性化,是指注重学生个性发展,因材施教。因为个性是创造思维产生的基础,是创造力的核心,没有个性就没有创造性。因此,只有培养模式的多样化与培养方案的个性化,才能培养出创新人才。

十、重视实践性教学环节

培养大学生的创造能力,必须加强教学的各个实践环节,注重理论联系实际,给学生培养思维能力、独立工作能力和创造能力提供机会。要尽快改变偏重理论知识传授、忽视实践性教学环节的倾向,加强实验课、习题课、讨论课在课程活动计划中的地位,更新这些课程的内容,增加其教学时数。加强实践性教学,首先要加强实验课教学,提高对学生创造性实验能力的培养。要鼓励学生积极参加科学研究,通过参加科学研究培养学生的创造能力,为毕业后进行创造性的工作打下良好的基础。因此,学校要尽可能创造条件,鼓励学生积极参加科学研究活动。此外,还要加强第二课堂和其他教学实践环节的学习和研究,广泛培养学生的兴趣和爱好,为发展学生的创造才能创造条件。当然,创新性人才的培养是一个系统工程,它不仅需要教育系统内部各子系统之间的互动,更需要教育系统与社会大系统的互动;它既需要教育创新,更需要社会结构和体制的全面创新。高职院校要实现培养和造就大批具有创新精神和创新能力的高素质人才的目标,还需要做很多的工作和努力。

第四节　创新能力的开发

一、创新能力概述

"创新"一词最早出现在美国经济学家约瑟夫·熊彼特的《经济发展理论》一书中。熊彼特认为,创新就是建立一种新的生产函数,即实现生产要素与生产条件的新的组合,并引进生产体系、获得经济与社会效益的过程与行为。

创新与发现、发明有所区别，并不是"创造新东西"的缩写。发现是发现存在，发明是赋予存在，创新却具有经济意义和社会目标导向。创新不仅包括自然领域，还包括社会领域、思维领域，是创造性地提出问题和解决问题的过程。具体而言，创新包括：提出新观念，产生新知识，运用新方法，建立新制度，实施新管理，是一个比"创造"还要宽泛的概念。

创新能力是指在完成创新活动中表现出来的心理品质，其核心是创造性思维。创造性思维有三个维度：一是思维的流畅性，二是思维的灵活性，三是思维的独到性。创造性思维与智力相关，但智商高只是必要条件，并不是充分条件。研究表明，创新能力是能够通过训练、开发得到提升的。美国脑生理学家赫曼认为，创新并非纯粹是人的右脑的产物，而是全脑的活动过程。他提出的全脑创新模型包括兴趣、准备、酝酿、领悟、检验、应用六个阶段。美国脑生理学家斯佩里认为，创新意识、创新精神，都是大脑机能的反映。德国哲学家、心理学家恩斯特·卡西尔认为，"创新乃是人的本性"。

有人说创造性只能培养不能教。创造性就像种子一样，它需要一定的环境，包括土壤、气候、科学地灌溉、施肥培养才能发芽、生根、开花、结果。我们就是要创造一种适合培养学生创造性的环境，让学生在合作探索的情境中获取基础知识和思维方法，培养学生的创新能力。创新能力是运用知识和理论，在科学、艺术、技术和各种实践活动领域中不断提供具有经济价值、社会价值、生态价值的新思想、新理论、新方法和新发明的能力。创新能力是民族进步的灵魂、经济竞争的核心；当今社会的竞争，与其说是人才的竞争，不如说是人的创造力的竞争。各国为在竞争中取胜，都在尽力培养数量多、素质高的人才队伍。创新能力的强弱已成为高素质人才评价标准中的最重要的要素。各国教育为适应这种人才标准，正在逐渐把创新能力的培养作为教育改革的核心来抓，积极探索创新能力的培养方法与途径。因此，中国的教育，特别是实施义务教育的基础教育，它是人才的奠基工程，必须把创新能力及社会实践能力的培养作为教育的关键来抓[①]。

二、自我创新能力的开发

思维定式是随着人的知识、经验的积累,形成的固定的思考问题、解决问题的方式,思维定式对解决一般问题、老问题是有效的,但对新的问题而言,通常就成了障碍。突破思维定式就要培养大学生的自我创新品格,可以从以下几个方面着手。

第一,要培养自信心。首先就是利用心理暗示提升心理素质。利用心理暗示提升心理素质有一个比较简单的方法,就是经常默念简洁的、明确的、证明的、充满自信的口号。每天都带着强烈的信念和愿望为自己鼓劲和加油,每天都这样做的人必定会拥有强大的自信心。第二,就是要改变自己、分析自己。改变自己是最难的事,创新者改变了自己就改变了创新者外部的世界。还要看创新者接触什么人,接触成功人士,拜成功人士为师会使自己获得自信,更加相信自己。第三,树立必胜的信念。创新者的核心信念是指杰出的创新者所持有的信念。如果创新者拥有了这些信念并把它作为创新者生活中思考的内容,创新者就会有积极的、健康的思维方式。核心信念将促进创新者具有优质的自我表象,这是创新者必须具有的自我表象。

三、思维能力的开发

思维是一种复杂的心理现象,是人的大脑的一种能力。思维阻碍了我们用创造性思维解决问题,对于创新是非常不利的。所以要进行思维创新,首先必须突破思维障碍。这就要求必须做到:第一,对问题提出多种设计,产生多种多样的联想,以求获得多种不同的结论,筛选择优;第二,思维要根据各种不同客观情况灵活变化,及时纠正自己的思维偏差;第三,还要特别注意克服思维过程中的直线式思维方法;第四,要注意思路的拓展,当思维之路受阻时要及时调整,有时可做必要的方向思维。

[①]朱懿,许淇星.基于教师课程设计理论的大学生创新创业能力开发研究——广西本科生创业和创新能力开发研究之一[J].广西民族师范学院学报,2020,37(2):126-128,139.

　　建立创新机制是实施创新的重要条件之一。这一点主要针对组织而言。对创新者来说,创新没有进行合理的评价和鼓励,是阻碍创新思维能力提高的另一重要因素。创新能力的发挥既有赖于个人的主观因素,也与其所处的环境有很大的关系。人的智慧、想象力、创新力的充分组合,也需要合理的评价机制和激励机制。组织和领导体制中缺少一种对创新者政绩的促进机制,没有形成一种创新的氛围,人的创新能力就很难发挥。因此,我们在组织创新活动时,要注意建立创新机制。丰富的知识是创新的基础,每个人都要重视知识的积累。人的一个基本要求就是知识素质,而素质的一个重要内容是知识修养。

　　创新力的一个重要素质就是善于提出问题,要开创工作新局面,就必须不断开阔眼界并且不断探索,善于发现问题、提出问题、创造性地解决问题。

四、创新能力的重要性

　　创造能力对个人的重要性。创造能力是21世纪知识性时代对人才的基本要求之一,因此创造能力可改变一个人的修养、思想以及命运。创造能力也是一个现代优秀人才的基本素质之一。科技创新通常与良好的专业基础、实验技能密不可分,所以,有良好的专业理论、知识水平为保证,同时善于学习和良好的学习习惯,都会为科技创新的成功带来机遇。创新活动又能激发我们成才的动力。市场经济急需创新型人才,因为创新型人才能成为国家机构及企事业单位的工作骨干,在应对千变万化的市场经济活动时,能得到更多的就业机会。很多用人单位非常重视学生的创新能力。也正是社会的这种需求大大调动了学生创新、创业的热情,成才的欲望日益强烈,创新的热情也因此高涨。创新也是一个要求团队合作的项目,因此,参与创新也可以树立我们良好的合作意识、集体意识、团队精神和社会责任感,可以培养我们正确的人生观、价值观和世界观。所以创新能力对于个人的发展至关重要,可以提高对社会的适应能力和个人的谋生能力,增强个人信心,使个人拥有更长远的发展。

　　创造能力对企业的重要性。没有创新就缺乏竞争力,没有创新也就没有价值的提升。无论是获取哪一种形式的创新，都需要认真的工作态度、务实的工作作风。企业应用创新的知识和新技术、新工艺，采用新的生产方式和经营管理模式，提高产品质量，开发生产新产品，提供新的服务，占据市场并实现市场价值。世界上大的跨国企业每年的研发投入都非常多，我国的华为、海尔、联想等公司也加大了研发投入。技术上的创新在产品的生产方法和工艺的提高过程中起着举足轻重的作用。创新还可促进企业组织形式的改善和管理效率的提高，从而使企业不断提高效率，不断适应经济发展的要求。

创新能力对国家的重要性。习近平总书记在党的十九大报告中指出，创新是引领发展的第一动力，是建设现代化经济体系的战略支撑。自主创新能力是国家竞争力的核心，是我国应对未来挑战的重大选择，是统领我国未来科技发展的战略主线，是实现建设创新型国家目标的根本途径。世界科技发展的实践告诉我们：一个国家只有拥有了强大的自主创新能力，才能在激烈的国际竞争中把握先机、赢得主动。特别是在关系国民经济命脉和国家安全的关键领域，真正的核心技术、关键技术是买不来的，必须依靠自主创新。要把提高自主创新能力摆在全部科技工作的首位，在若干重要领域掌握一批核心技术。我们需要拥有一批自主知识产权，造就一批具有国际竞争力的企业，大幅提高国家竞争力。

第二章 基于"制作习得"教法的实践教学创新

第一节 实践教学概述

一、制作习得的概念内涵

"制作习得"的概念内涵由"制作"与"习得"共同组成。制作,主要指代用原材料做成各种不同的作品的精制的意识与细作的行动,意指借助某类载体表现某种对客观世界的再认识。习得,指代学习和掌握,多表达在持续学习、练习的支撑下掌握某种或某类技能。所谓制作习得即在作品精制和细作过程中获得技艺,即在制作中习得,在习得中制作,也就是知行合一的一种表现形式,是湖南机电职业技术学院在长期的教学改革中摸索出来对机电类专业的教学方法与模式。

二、基于"制作习得"教法的实践教学的定义及辨析

(一)基于"制作习得"教法的实践教学定义

在学校的引导下,学生基于"制作习得"的教学理念,以获得直接经验或将间接经验转化为直接经验为主要目的,参与理论教学之外的具体社会生活的教学活动,并在实践教学过程中习得某一技能。

(二)基于"制作习得"教法的实践教学的辨析

较早对实践教学做出的定义是:在教师的指导下,学生通过课堂的、实验室的、工厂的独立实践活动,运用其所掌握的理论知识去分析和解决实际问题,是进行技能训练的重要途径。这种解释中有三个观点值得注意:一是实践教学必须是学生在教师指导下完成的;二是实践教学在

理论教学之后;三是实践教学的目的是获得技能。

(三)实践教学的目的是获得感性认识

被广为引用的实践教学定义是《教育大辞典(增订合编本)》中的说法:"实践教学是指相对于理论教学的多种教学活动的总称,包括实验、实习、设计以及社会调查等,其主要目的是使学生获得感性知识,掌握技能、技艺,在职业活动情景下进行,作业是按照专业或工种的需要设计的。"

(四)实践教学是实际操作

还有一种流传较广的实践教学的定义:学生在教师指导下以实际操作为主,获得感性知识和基本技能、提高综合素质的一系列教学活动的组合。其中基本技能的实际操作,概括了多数实践教学的表面特征,但是其并不能包含所有实践教学,如实地观摩;而且含义也不是太明确,很难界定。另外,实践教学也不仅仅是培养基本技能,还培养创新能力以及创业能力等特殊能力。

(五)实践教学包括习题课、讨论课

《中国教育百科全书》将"实践教学"解释为:"根据高等学校培养目标,按照教学计划的要求所进行的参观、实习、习题课、讨论课、设计等教学环节。"从形式上来看,这只是对实践教学的常见形式进行了描述,并不是对实践教学的科学定义。从内容上来看,将习题课、讨论课作为实践教学是不合适的,因为这些教学形式的主要目的还是获得间接经验,而不是直接经验,也不是与具体社会生活的接触。

(六)实践教学不是教学活动

有些学者认为,实践教学不是教学活动,也不是教学形式,而是教学理念。这显然是有失偏颇的,实践教学作为一种教学形态,其包含着多种教学理念,同时也包含着多种教学形式和教学活动。这部分学者将高等职业教育实践教学定义为"高职院校根据不同专业的培养目标,按照工学结合的人才培养模式,以完成一定的工作任务,借助特定的项目训练为主要形式,以鼓励学生主动参与、主动探索、主动思考为基本特征,

以掌握相应岗位技能,养成一定的职业态度并以提高职业素养和职业能力为目的的教学",实际上也只是对多数实践教学的多种表面特征进行了一定的描述,并没有揭示其本质特征①。

三、实践教学的外延

(一)教学的范围:课内实践、课外实践和校外实践

课内实践主要指的是采取课程形式进行的实践教学活动。这里的课程,是指狭义的课程,即显性课程,不包括隐性课程。根据实践教学在其中的地位,课程可以分为两类:理论(实践)课程和实践(理论)课程。前者主要是指以理论教学为主、实践教学为辅的课程,后者是指以实践教学为主、理论教学为辅的课程。课内实践的内容主要是技能方面训练,经常会采取实验、情景模拟等形式,多数在虚拟的环境中以练习的方式进行。

课外实践是指以课外(校内)活动形式进行实践教学,有些可以称为隐性课程,形式丰富多样。

校外实践是指在校外进行的实践教学活动,一般在真实的社会生活中进行,但是也可能是在校外的培训机构中进行虚拟练习。

(二)教学的专业:本专业实践,多专业实践,通用实践

本专业实践主要是指针对本专业特有的教学内容开展的相应的实践教学活动,比如机械专业的机械设计、中文专业的小说创作等。

多专业实践是指多个相关专业都适用的实践教学活动,比如数学建模、文科的写作比赛等。

通用实践是指所有专业都适用的实践教学活动,比如演讲比赛、志愿服务等。

(三)教学的内容:技能训练,科技创新,生涯规划,组织服务,实习见习,社会体验

技能训练主要是指以获得特定的基本技能为主要目的的实践教学活

---

① 李宇卫.普通高校思想政治理论课实践教学概述[M].成都:西南交通大学出版社,2016:111-116.

动,绝大多数都是专业的,但是也可能是非专业的。这是目前最主要的实践教学活动。

科技创新是指以获得创新精神和创新能力为主要目的的专业性实践教学活动,其既包括科学创新活动,也包括技术创新活动。这是目前实践教学发展的重点。

生涯规划主要指的是以促进个人生涯发展为主要目的的实践教学活动,一般包括学业规划、职业规划以及创业计划等具体形式,也包括真实的创业活动。这也是目前实践教学发展的重点。

组织服务是指担任校内活动的组织和服务工作,以获得组织和服务素质为主要目的的校内实践教学活动,包括担任干部、临时参与组织活动、固定担任服务人员等。多数志愿服务的专业性不明显,但是对于未来发展有明显的价值。

实习见习是指以获得专业素质为主要目的、在校外真实社会生活中进行实践教学活动,其中专业实习是指集中的、长期的、深入的活动,见习是指分散、短期、肤浅的活动。

社会体验是指没有专业性、以获得一般社会经验为主要目的的校外实践教学活动,如与专业无关的参观考察、参与社会活动、打工等。

(四)教学的形式:实验,情景模拟,课题研究,项目设计,角色尝试,实地考察

实验主要适用于理工科的专业性实践教学活动,也是目前最为常见的实践教学活动,实验可以在实验室中或实验室外进行,也可以用相关的计算机软件进行模拟实验。

情景模拟是指用学生角色扮演或计算机软件来模拟社会生活情景的方式进行的专业性实践教学活动,通常也被称为文科实验。主要适用于文科专业,也可以用于理工科专业。这是目前迫切需要发展的实践教学活动。

课题研究是指围绕特定研究课题进行科学创新的专业性实践教学活动。

项目设计主要是指围绕特定工作任务进行技术研究的专业性实践教学活动。在以往,理工专业和艺术专业都是比较注重这类活动的,但是

实际上文科专业,尤其是应用型高校的文科专业也应该大力举办这类活动。

角色尝试是指到真实的社会生活中担任一定任务的实践教学活动。角色尝试可以在校内,也可以在校外,常见的角色尝试有志愿服务、实习、打工、创业等。

实地考察是指到真实的社会生活中进行观摩考察的校外实践教学活动。实地考察可能是专业性的社会调查,也可能是非专业的参观考察,但不包括休闲娱乐性的旅游观光。

（五）教学的组织:学校集体,学生社团,校外团体,教师个人,学生个人

组织实践教学活动的主体是多种多样的,可以是学校集体,也可以是学生社团或者校外团体,还可以是教师个人或者是学生个人。以往主要是学校集体组织,但是资源、形式和数量都比较有限,远远不能满足需求,所以,应该大力引导学生社团和校外团体,以及教师个人和学生个人,发挥他们各自的优势和积极性,组织更多形式和数量的实践教学,充分满足学生的需要。

（六）教学的深度:观摩,练习,比赛

观摩就是指到真实的社会生活中去观察、思考,以了解相关事物。是参与程度最浅、最方便的校外实践教学活动。

练习就是对特定项目进行多次尝试,以提升自身素质。这是参与程度比较深的实践教学活动,包括大多数实践教学形式。

比赛泛指各类具有竞争性的实践教学活动,比如科技创新竞赛、创业计划竞赛、演讲竞赛、发表论文等。因为具有一定的竞争性,所以一般相对于同类内容的练习来说参与程度深得多,因此成为激励学生参加实践教学活动的重要手段。

（七）教学的环境:真实实践,虚拟实践

真实实践是指在真实的社会生活中进行的实践教学活动。因为其具有真实性,所以培养出来的素质比较全面和真实。但是通常需要较多的

条件,很难经常进行,但是学校、社会和学生个人也应该努力开展。

虚拟实践是指用实验设备、角色扮演或计算机软件等手段模仿社会生活的实践教学活动。虽然不够真实,但是通常需要的条件较低,可以经常进行。随着科学技术的发展,会有越来越多的直接经验可以通过虚拟实践获得,从而大大推动实践教学的发展。

四、实践教学特征

(一)实践教学总体特征

1. 实践教学的基本途径是参与理论教学以外的具体社会生活

实践教学中的"实践"并非指一般意义上的实践,而是指参与理论教学本身以外的各种社会生活,特别是和所学专业相对应的社会生活。如果实践教学中的"实践"指的是所有的实践,那么就无法区别理论教学与实践教学。有的学者就依据哲学中对于"实践"的一般定义,认为教学活动本身就是一种实践活动,一切使学生积极参与的教学活动都属于实践教学的范畴,所以理论教学也就是实践教学,称为"理论实践教学"。这很明显是将哲学领域中的"实践"概念简单地套用到了教育领域中,是对实践教学的错误理解,对于实践教学理论的发展没有积极意义。

2. 实践教学的主要目的是获得直接经验,或者将间接经验转化为直接经验

实践教学是和理论教学相对的教学形态,以获得直接经验或者将间接经验转化为直接经验为主要目的,而理论教学则是以获得间接经验为主要目的。当然,这里的经验主要指的是广义的经验,也就是既包括知识,也包括能力和态度的经验。

直接经验和间接经验是认识来源的不同分类,与理论教学和实践教学也不可以画等号。在理论教学中也可以获得直接经验,因为理论学习对于学习者来说也是一种实践活动,但是其主要目的显然是获得间接经验。反过来说,实践教学的过程也离不开间接经验,但是其主要目的显然是获得直接经验或者将间接经验转化为直接经验。

（二）慕课（MOOC）视域下的实践教学特征

1. 大规模

MOOC视域下的实践教学课程仍然秉承着MOOC中的"Massive"这一思路，具有大规模的特点。具体表现在以下三个方面。

（1）参与主体的大规模

在传统的实践教学环节中，由于实践环境（包括设备、场所等）的制约，参与人数通常会受到一定的限制，难以实现大规模的参与。而在MOOC环境下，实践教学的部分内容可以通过网络的方式呈现出来，一些不具备实践条件的主体也能够很好地参与进来。比如，北京航空航天大学在国内率先开发的实验云平台就借鉴了MOOC的思路。通过实验云平台，实践主体只要具有网络机终端，就可以实现自主学习，大大解决了实践教学的环境限制问题，使得优势资源能够得到充分的共享。

（2）课程资源的大规模

由于授课教师实践经验不足，实践课程的效果通常会受到一定的影响，制约了学生创新能力的培养。在MOOC环境下，众多高校、教师以及行业人员能够通过网络平台共享实践教学材料，丰富实践教学资源，弥补个别教师实践经验的不足。在当前我国的高等教育中，存在着中西部高校联盟、应用技术性大学联盟以及行业协会、学会等实践教学资源主体，这些主体都拥有非常丰富的实践课程资源。在MOOC环境下，实践教学平台能够充分整合这些优质资源，实现课程资源的大规模。

（3）交互方式的大规模

"教师先讲解演示，学生再参与其中"是传统的实践教学方式，这种方法的不足之处在于学生之间的交互意识比较薄弱，非常不利于团队能力的培养，制约了学生的创新思维发展。在MOOC环境下，课程教学主要是教师以主持人的角色引导学生分析和思考，帮助学生自主学习。为了能够更好地掌握内容，师生之间、学生之间，甚至陌生人之间都需要进行大量的讨论。来自平台允许范围内主体之间思想和观点的碰撞，使得大规模的交互在平台下充分开展起来。

2. 网络化

基于MOOC环境的实践教学,是"互联网+"在教育领域中的重要体现,网络化这一重要特征具体表现在以下三个方面。

(1)学习过程的网络化

在MOOC视域下,网络化是实践课程学习过程中的非常重要的形式。视频学习、实践操作、课程作业、作业批改、问答平台以及师生讨论等工作都能够依托互联网平台开展,学习过程由过去的以课堂为主体向以网络为主体转变。这种网络化的学习过程能够有效地解决课堂教学互动较弱的缺点,可以增进学习过程中不同主体之间的交流和理解,还能够拉近师生之间的距离。学生可以根据自己的学习过程提出问题,通过互动问答的方式增进对知识的掌握。

(2)知识传授的网络化

由于近些年来我国高校的持续扩招,集中传授成为主要的知识传授方式。这种方式忽略了不同主体的知识基础和需求差异,教学效果很难得到保证。在MOOC视域下,学习过程实现了以网络化为主,学生的自主学习成为非常重要的一种学习方式。在这种背景下,学生可以根据自己的学习过程提出问题,通过师生以及学生与学生之间,甚至同行业人员之间的交流与沟通,使知识的传授更加具有针对性。网络化的知识传授方式能够更好地发挥教育中"传帮带"的优势。

(3)学习主体的网络化

在传统的学习中,学习主体是面对面的,而在MOOC视域下,实践教学的学习主体更多是以网络化的形式存在,学习者之间背景和基础的差异性将会更大。面对同一个实践问题,中国学生、德国学生和美国学生可能会有不同的理解和不同的处理方法。网络化学习主体之间的交流使得知识的交互性更强,从而更容易产生创新思想,有利于促进实践教学内容的进一步丰富。

3. 开放性

在MOOC视域下,实践教学已经不仅仅是在实验室内独立封闭地开展,而是在互联网平台下同行之间进行的开放式交流,开放性是课程具有持续生命力的重要保障。具体表现在以下三个方面。

（1）学习人员的开放性

MOOC视域下的实践教学，能够真正实现教育的有教无类。学习人员无论身在何处，不管种族、年龄、性别、信仰以及收入等因素存在多大差异，只要喜欢课程的内容，都能够参与到课程的学习当中。在当前的社会条件下，基于MOOC的实践教学开发平台，能够让学习者根据自身工作的需求，有针对性地开展岗位学习，从而不断提升自身的岗位操作技能和实践创新能力。MOOC视域下的实践教学为人们的终身学习提供了非常重要的保障。

（2）学习形式的开放性

集中学习是当前我国高校教育的主要形式，实践教学也通常是在实验室或者企业里面集中进行。这种教学方式使得学习主体不能够灵活地安排时间，学习效果存在一定的局限性。在MOOC视域下，实践教学在云平台下进行，学习主体可以根据自己的工作和生活规律灵活安排学习时间。尤其是小的知识点，短视频式的要点讲解和演示，使得学习者利用零碎时间开展学习成为可能。学习形式的开放性使得学习者能够更加自主地开展学习。

（3）学习内容的开放性

权威思想在教育界具有非常广泛的影响，教师通常被视为知识的权威，学生被视为天然的接受者。有些教师由于没有企业经验，实践教学会出现对学生的误导。在MOOC视域下，教学内容被放在互联网平台下，接受众多人员的检视，将有利于打破权威，充分调动学生学习的积极性，主动思考，促进创新意识的培养。同时，不同学习者之间利用课程平台交流将有利于进一步丰富课程内容，提升课程教学效果。

五、实践教学现状

（一）实践教学中的问题与原因分析

1.惯性作用的影响，认识上轻视实践教学

从我国高等教育的历史来看，高校对实践教学很不重视，始终存在着重知识传授、轻能力培养的问题。即便在当前,这种影响也没有完全消除,一些办学者观念陈旧,不顾形势变化的需要,依旧强调以理论教学为主、实践教学为辅,认为实践教学是偏门甚至可有可无。即使开展实践教学,其重心也不是为了培养学生的动手能力和分析问题的能力,而仅仅是将其作为一种加深对有关理论课程理解和掌握的工具。这种缺乏重要性认识,缺乏全员参与,在很大程度上只是停留在理念上、宣传上的实践教学,导致相关的工作大打折扣,要求也难以落到实处。

2. 实践教学体系不完整,实践教学课程设置不到位

尽管目前大多数高校都能够认识到实践教学对大学生就业的重要性,并且在制订教学计划的时候明显会增加一些实践教学课程的课时,但是很多实践课程只是虚设的。由于一部分高校教育工作者认为实践教学只是理论教学的一个环节、一个补充,所以实践教学,尤其是文科专业的实践教学被普遍弱化,在教学内容的安排上仍然普遍存在着重理论、轻实践,重知识、轻能力的现象——缺乏培养学生动手能力和分析问题能力的一整套规划。再加上近些年来一些高校在条件尚未具备的情况下,扩招速度比较快,致使办学经费严重缺乏,实践教学基地无法保证,实践教学进一步被削弱,很多实践教学课程和环节无法到位。这些情况不可避免地导致学生的理论与实践脱节、创新意识与动手能力不强。

3. 实践教学的方法和手段比较落后,教学设施和基地不健全,教学效果差

在我国的高职院校,传统的教学方法始终占有非常重要的地位,而一些被国外证明效果很好的教学方法,比如讨论法、案例教学法以及项目课题研究教学法等,在教学中的运用却并不广泛。在实践教学中,一般的做法是,在实验实习之前,教师就要把实验实训的内容、操作方法与步骤、报告格式,甚至包括每一步将会得到什么结果等都要写得一清二楚。这种情况下,学生完成教学大纲的规定内容、掌握基本原理和方法,完全是在教师设定的范围之内,都是机械地完成操作,学生缺少或者说根本不需要主动积极的思考。这就导致一旦离开了教师,学生就会手足无

措,其结果只能是学生的独立创造性被日渐销蚀,动手能力较差。当然,教育经费的紧张与逐年扩大招生的现实矛盾也使得很多大学的硬件建设受到忽视,教学设施比较差,教室安排非常紧,这也是导致教育手段、教学方式单一的客观原因之一。

此外,一些高职院校不重视校外实践基地的建立和完善,没有建立相对稳定的校外实践教学基地,学生的社会实践多是凭关系由学生自己去找,这种基地分散、临时性、随意性较多的实践教学状况,不但给教师及时指导和解决学生在实践中出现的问题增加了很大难度,而且由于督查难以到位,学生不参加实践活动的情况也非常突出。以上种种情况,都不利于学生实践能力的培养,不利于学生自主创新意识和良好工作作风的形成,导致学生社会适应性不强。

4. 师资队伍实践教学水平不高

从高职院校进入门槛方面来看,当前一大批高学历的年轻教师成了高职院校教学的主力军,使教师学历层次有了较大的提升,但是,这同时也成为教学水平提高的瓶颈。目前,高校招聘教师主要看的就是学历,可是我国博士生、硕士生大多是从大学校门到大学校门,日常教育中重理论、轻实践的现象异常普遍,他们所受到的教育基本上就是理论教育,本身并没有经过职业技能训练,而毕业之后他们或因课务重或基于职称的压力,也很难有实践锻炼的时间和愿望。由于教师自身的缺陷,在指导学生动手训练的时候难免会底气不足,很难对学生实施实践性教育,这种情况下,学生学习效果差也就在情理之中了。

从用人方面来看,高职院校对实践教学人员的重视程度不够,和同等学历、相同专业技术职务的教师相比,实践教学人员通常地位较低、待遇较差,很多人认为从事实践教学工作低人一等。这些情况轻则影响到实践课教师工作的主动性和积极性,重则会导致许多优秀教师不愿意专门从事实践教学。没有好先生就难有好学生,毫无疑问,实践教学师资队伍的不稳定也是我国实践教学发展缓慢、教学水平不高的重要原因。

5. 实践教学考核评价体系不科学,制度不严格

从评价体系方面来看,很多高职院校不注重营造实践创新的环境,没有制定新的专门的实践教学考核办法和考核标准。而高职院校长期以来采用的评价体系,多是一种以学习成绩为主的人才培养考核评价体系。这种考核制度,面对学生实践中产生的千差万别的创新成果和创新水平,显然无法做出公正而又科学的评价,其结果通常是既难以考察教师的实践教学水平,也不利于学生创新意识和实践能力的培养。此外,多数高校还缺乏应有的激励机制,对学生参加学术报告、小发明、小创造等各种学科竞赛活动,参加科研立项或参与教师科研课题的科研活动,参加社会实践调查活动、科技服务和科普宣传活动等基本上不给予相应的学分,这些也严重抑制了学生开展实践活动的积极性,阻碍了实践教学的发展。

(二)实践教学中需要解决的难题

1.校企合作问题

校企双方合作目前具有多种方式,但是从实际运行情况来看,校企双方泛在学习视域下的实践教学创新模式研究工作情况参差不齐,有的协议签署之后并没有得到实际运行,或只是部分地运行。究其原因,主要是由于学校方面没有任何投入,企业缺乏积极性。因此,建设共享型实践教学基地是解决这一问题的一个有效的选择。

所谓共享型实践教学基地主要具有两层含义:一是校企合作双方共享。即实践教学基地,学校与合作企业都能够使用。学校用来培养学生,企业可以进行职工培训。二是与社会共享。即实践教学基地对其他企业和高校开放,实现社会共享。建设共享型实践教学基地,可以避免重复建设与资源浪费,提高设备利用率。在实践教学基地建设中,可以依托企业现有的设施,采取谁投资谁受益的原则,多渠道投资建设,按照先进性、共享性、效益性的原则,对使用者可以适当收费,有适当的盈利,以保证实践教学基地的可持续发展。

2.学生自主社会实践问题

学生自主进行的社会实践环节,比如利用假期进行社会调查,最后一个学期(第八学期)参加的毕业实习等,都是学生自主实习,指导教师"遥控"指导,这就使得学生社会实践效果各不相同。有的学生通过自己或其他渠道找到了对口的实习单位；有的虽然找到了实习单位，但是与所学专业相去甚远；有的学生可能没有进入到任何单位实习，只是任意找个单位盖章了事。实践结束之后所撰写的调研报告以及毕业论文，与实习过程联系不大，甚至毫不相干。从近几年学生的论文选题看，其内容大多与毕业实习无关或关系不大，而是选择那些一般来说学生难以驾驭的题目，其难度远远超出了学生的实际水平以及解决问题的能力。

如何使学生的社会调查及实习有的放矢，解决实践教学"老师热、学生冷"的状态，具体措施可以通过学生社团，开展"社会小观察"方面的活动。也就是要求学生从小处着眼，通过观察周边的一个具体问题，开展调研活动，并运用自己所掌握的理论和方法，发现问题、分析问题并解决问题。比如有的同学发现学校教室晚上无人自习或上课时，仍然是灯火通明。"社会小观察"可以要求学生用三段论的方式，进行简单的描述和分析，即发现问题、分析问题，提出解决问题的建议。然后，发表在学生社团建立的微博上，指导教师从中挑选出较有价值的选题，指导学生做进一步的调查研究。如教室不关灯问题，表面看是节约观念问题，如果深入挖掘，可能涉及中国高校准公共产品的性质、财政体制、产权等问题。

六、实践教学意义

教育的本质是一种培养人的重要的社会实践活动，在微观层面上要推进理论教学、促进人的全面发展，在宏观层面上要服务于经济建设、促进社会的进步。华中农业大学王玉萍认为，高校人才从宏观上可以划分为学术型和应用型。学术型人才主要指的是发现和研究客观规律的人才；应用型人才则是指应用客观规律为社会谋取直接利益的人才。潘晨光、何强则把研究型人才定义为从事揭示事物发展客观规律的科学研究人员，把应用型人才定义为把科学原理应用到社会实践并转化为产品的工作人员。事实上，实践教学最主要的意义应该就在于其在推进理论教学和促进个人全面发展的同时，能够为经济发展和社会进步培养大量的应用型人才。

（一）推进理论教学

随着科学技术的发展,物质生产中的智力因素在不断增长,理论必须运用于实践并在实践的检验中不断发展。根据马克思主义关于理论和实践发展的辩证观点来讲,理论指导实践,实践证实理论并反过来会促进理论的发展。同样的,实践教学在实施的过程中,不断地证实和证伪理论教学中的一些理论,使正确的理论得到证实,并使之转化为学生的应用能力和解决问题的能力,与此同时,那极少一部分被证伪的理论作为对理论教学的反馈,则会成为促进理论教学发展的契机和创新点,在整个实践教学的过程中,学生不仅仅实践能力得到锻炼和提高,而且他们所学的理论知识也能够得到巩固和强化。实践教学的进行是以理论教学为基础和指导的,也正是实践教学的进行反过来极大促进了理论教学的发展,巩固了理论教学的成果。由此可见,实践教学和理论教学是教学和教育发展的两条腿,两者互相补充、互相促进,共同致力于培养所有学生的全面发展。

（二）促进个人全面发展

根据马克思主义关于人的全面发展的学说,人类个体的形成主要包括体力和智力两个方面。体力作为生理机能是人类个体形成的一个基本方面,而智力因素则是人类自身构成的更加重要的一个方面,因此,智力和体力的和谐发展是人类发展的基本规律。个人全面发展就是个人智力和体力尽可能多方面地、充分地而又自由地发展,并在此基础上实现脑力劳动和体力劳动的结合。马克思认为实现人的全面发展应当具备三个条件:一是社会生产力的高度发展,这是人的全面发展的必要物质前提;二是社会主义的生产关系给人的全面发展创造条件,共产主义条件下将使人的全面发展成为现实;三是教育与生产劳动相结合,体现着理论和实践相结合的原则,不仅是获得有用经验的手段,同时还是运用和检验理论知识的一种机会,是造就全面发展的人的唯一途径和方法。

由此可见,马克思认为人的全面发展基本就是理论水平(智力)和实践能力(体力)的发展,而实践教学则正是人的智力和体力发展多方面、充分地、自由地结合,通过大学生作为活动主体,亲身参与各种实践活动,发现问题、分析问题、解决问题,从而提高个人的理论应用能力和实际动手能力,这正是培养全面发展的人的途径和方法,这也正是面向现代化、面向世界、面向未来的"三个面向"的教育的真实体现。

(三)服务于经济发展和社会进步

马克思、恩格斯在肯定了黑格尔"把劳动看作人的本质,看作人的自我确证的本质"的基础上,进一步认为人是在一定的历史和社会中,积极能动地与客观世界和其他人发生着各种对象性关系的社会存在,认为"人的本质并不是单个人所固有的抽象物。在其现实性上,它是一切社会关系的总和"。因此,虽然人才的成长过程主要是在学校中,但是人才培养的目的和归宿却主要在社会中。人的社会性本质决定了个体的成长必然要受到社会的影响,而且个体存在的价值也寓于社会发展和进步之中。由此看来,实践教学从存在的第一天起就注定了是要服务于经济发展和社会进步的,以"尚实""应用至上"为突出特点,教育与生产实践相结合,通过提高社会生产力和消除知识与劳动之间的分离和对立现象,在培养全面和谐发展的个性的基础上,服务于我国经济发展和社会进步。

面对新时期经济结构的调整和经济增长方式的转型,社会对现有人才的结构逐渐表现出了一定的不适应和不接纳的态度。自从高校扩招以来,学生数量上的激增影响到了质量上的提高,理论性人才饱和,其实践能力方面的欠缺也越来越明显,很多本科高校出现了大学生毕业即失业的知识失业现象和大学生去从事低学历水平即可从事的工作的知识贬值现象。表面上看好像出现了过度教育的现象,其实并非如此,这主要是由于高校培养的人才的素质结构不能够适应社会经济发展转型的需要所导致的,大学生不能够找到理想的工作与用人单位找不到需要的人才并存,从而导致人力资源的浪费和社会发展的不经济现象。

面对新时期出现的问题,我国高校实践教学的发展可以说是对症下药,它培养的正是适应知识经济时代社会发展所需要的理论基础扎实、实践能力熟练,下得去、留得住、用得上的综合型实用人才,因此,实践教学的发展和高校对实践教学的重视是有其深刻的事实根据的。根据教育经济学教育和社会经济发展的基本原理，一定时期的教育从属并受制约于一定时期的政治经济，教育必须和经济一同发展或者适度超前于经济的发展，我国高校实践教学的发展实践正是这一理论的恰当体现和真实证明。

第二节　实践教学资源

一、实践教学资源内涵

《辞海》中关于"资源"的定义为："一国或一定地区内拥有的物力、财力、人力等各种物质要素的总称。"因此，实践教学资源主要指的是在实践教学的过程中，支撑教师的教与学生的学的活动开展所凭借的资源，包括实验、实习、实训、课程（毕业）设计等实践环节所需要的人力、财力以及物力等资源。对于高校实践教学，短缺的资源更多是与实践教学有关的软硬设备、仪器与场地等①。

二、实践教学资源建设

（一）实践教学资源建设的依据

内容广泛的实践教学需要完整的实践教学体系的支撑。完整的实践教学体系应当包括实践教学形式、地点以及时间。实践教学就其形式而言，包括课程实验、课程教学实习、专业实践、实训和生产实习、毕业设计以及社会实践、咨询服务等；实践教学地点有校内、校外，校内可以在实验室、实训中心，也可在实习场（厂），校外可以在实习基地、就业基地，也可以在能够提供实践教学条件、接受开展实践教学的其他单位；实践教学时间可以在课内、课外，也可以在学余休息时间；实践教学可以在教师指导下集中进行，也可以在计划指导下学生自主进行。利用完整的实践教学体系开展内容广泛的实践教学必须以足够的实践教学资源为基础。

---

①杨鹏. 实践教学改革与探索[M]. 北京:北京理工大学出版社,2019:36-41.

实践教学是以与其内容相匹配的真实环境,让学生参加模拟的或真实训练的教学。这种教学的开展必然需要一定的条件,包括适当布置或真实的训练空间、流程、材料、仪器、设备、设施等,要根据实践教学内容的需要,根据实际生产、服务、管理、试验的要求和接受训练学生规模配备实践教学条件。

(二)实践教学资源建设与优化配置

实践教学资源泛指用于实践教学的人力资源、实物资源和非物质资源。按其权属,实践教学资源主要包括校本资源和社会资源。校本实践教学资源是学校所拥有的资源,它是院校的基本办学资源,而社会实践教学资源则是社会上存在而不为学校所拥有,但能为学校所利用的资源,它是院校办学资源的重要补充,甚至可以说是必要补充。按其形式,实践教学资源可以分为人力资源、实物资源和非实物资源。

实践教学的人力资源主要是指组织、指导学生开展实践教学的教师及辅助人员;实践教学的实物资源指的是开展实践教学必需的材料、仪器、设备、设施等实物;实践教学的非实物资源是为实践教学所营造的真实环境或仿真环境,比如训练的场所空间、操作流程、操作规范以及仿真结果等。按其表现,实践教学资源又有现实资源和潜在资源之分。现实实践教学资源是实践教学可以根据需要直接利用的教学资源,如校内实验室、实训中心、实习场(厂)、校外实习基地等;潜在实践教学资源则是虽然客观存在,但是需要经学校、教师、学生的努力或许还需花费一定代价才能为实践教学利用的教学资源。加强实践教学资源建设和优化配置,就是要根据实践教学的需要,整合不同权属、不同形式、不同表现的实践教学资源,在最大限度发挥其作用的基础上,扩大实践教学资源规模,改善其结构,满足提高实践教学质量的需求。

实践教学资源建设要考虑到学校原有基础、近期学生规模和实践教学要求,要与学生的综合职业能力和全面素质培养相适应。专业教学计划所开设的具有实验实习要求的文化基础课、专业基础课和专业课都应该建有专门实验室,实验室数应该能满足按课表开设实验的需要;实验室应该按照能开出全部实验和每个学生都能按教学计划进行实际训练的要求配备足够的实验仪器设备和设施;各专业应建有能承担本专业综合职业能力培养的实训中心,实训中心配备的仪器、设备、设施能满足职业技能训练和相关中、高级职业技能培训、考核的需要;校内外实践教学基地的数目、规模要与专业规模相适应,满足三分之二以上学生同时参加实践实习的需要。实验室和实训中心配备的仪器、设备、设施应是实际生产中新近推广或即将普遍应用的类型,具有较广泛的代表性和一定的前瞻性;校内外实践教学基地的生产、服务应达到较高水准,在学校当地和本区域具有较强的示范作用;实践教学的内容、项目要紧密结合生产实际,实践教学的方法、手段、流程、规范要求等应符合现代生产、管理、服务的需要。

实践教学资源的配置要兼顾学生综合职业能力的培养以及全面素质培养的双重需要,要兼顾单项技能培训和综合能力培养的需要,兼顾实践教学和产学研结合的需要,还应当兼顾学生培养和教师自身能力提高的需要。其配置在分布地点上要做到校内外结合、以校内为主,在权属上要校本资源与社会资源结合、以校本资源为主,在表现上要现实实践资源与潜在实践资源结合、以现实的为主,实现人力资源、实物资源和非实物资源的有机结合,实现实践教学质量、实践教学资源利用效率、学生能力和素质与社会需求的符合程度的整体优化。

三、实践教学资源共享

(一)实践教学资源共享的意义

1. 有利于降低投资成本,避免重复购置

高职院校以培养学生实践、创新、创业能力为重点而设备资源就成为其发展的基础。因此学校需要添置和更新实践教学设备。但是由于大型设备费用太高,特别是工科专业企业每台设备价值几十万甚至上百万元,而高职院校的办学资金又相对有限,这就极大地限制了相关教育的发展。如果能够实现校内、校园、校企间的资源共享,不仅可为学生提供良好的实践技能提高途径,还可以大大降低办学成本。

2. 有利于实践教学人才资源的合理利用

实践教学资源另一部分则是实践教学人才资源,这是指专职从事实验(实训)的指导教师不仅要求具有丰富的实践经验,还要有比较扎实的理论基础。这是高等教育发展的又一瓶颈。一位老师仅服务于本校、本系甚至一个专业的学生,实在是对资源的极大浪费。在今天人才资源极缺的情况下很有必要整合资源,实现真正意义上的"物尽其用、人尽其才"。

3. 有利于培养学生的综合能力

实践教学资源共享还有利于增强实验实训室的综合性实验功能,更好地培养学生的实践能力、创新能力和科研能力;有利于实践教学团队专业水平的不断提高,为教学科研活动提供更好的技术服务;有利于实验实训室仪器管理水平的提高和设备的科学化管理,使其更好地发挥投资效益。

(二)影响高校实践教学资源共享的因素分析

1. 思想观念障碍

从本质上讲,高校共享实践教学资源实际上是由利益驱动的,短期利益体现在学生能够获得更多的实践机会,提升实践能力;长期规模化的学生能力提升,使学校赢得声誉,提高竞争力,获得更多资源和利益。但是传统文化观念会使人们潜意识中习惯自给自足、封闭,不利于共享,从将实验室等公共资源仅限部分导师的学生或本学院学生使用现象便可窥见一斑;在现有体制中,高职院校各种教育资源(如课题、经费、生源等)的获得都与其已有资源密切相关,导致高职院校管理者产生强烈的排他性竞争思想。因此,在高职院校管理者不重视长期利益的情况下,面对推行实践教学资源共享的各种阻碍,从思想上就缺少了资源共享的积极性,在客观上形成了资源共享决策层面的障碍。

2. 教育评价机制障碍

高职院校管理者对实践教学资源的重视,一是缘于教学实践的需要,二是上级部门教育评价机制的导向作用,例如,四年一次的本科教学质量合格评估,这些教育评价体系确实促进了高校保证基本的教育实践教学资源,但是由于其评价指标主要是量化指标,对学校教育质量、人才培养等的评价在一定程度上就演变成对学校拥有的资源数量与质量的评价,导致高职院校对资源本身过于重视,而对资源的利用率、利用效益等问题的重视程度不够,大家都以自己拥有的硬件设备资源为荣,这在很大程度上会导致高职院校产生排他的恶性竞争,从而阻碍了资源共享的实现。

3. 实践教学资源管理体制障碍

实践教学资源管理体制对资源共享所形成的障碍主要体现在三个方面:其一,在资源配置方面,由于教育经费总体短缺,作为办学主体和拥有资源配置权的国家、各级政府,其有所重点的发展策略导致实践教学资源在重点院校和普通院校之间事实上的不平衡,客观上造成了本就资源短缺的普通院校没有能够吸引重点院校参与共享的资源。其二,实践教学资源的国有资产属性,导致各资源主体将资源的所有权和使用权不分,一旦国家、政府等为高职院校配置资源以后,资源就统归该高职院校所有,其他高职院校对该资源不具备使用权,不利于共享的推行。其三,缺少国家或各级政府层面对资源共享的规范与支持的相关政策。例如,资源共享的收费标准。同时也缺少对资源共享过程、共享成效的监督机制,从而不能为资源共享的双方提供解决问题的依据。

4. 资源共享过程管理成本的障碍

在资源共享的过程中,管理成本也是阻碍资源共享达成的重要因素。对于资源提供者,既会考虑到资源使用过程中的损耗、维修等费用,也会考虑到在实施共享的过程中,需要在现有工作岗位安排的基础上,增加实践教学资源相关教学管理人员的工作强度、工作量以及工作时间,甚至是增加工作岗位等成本,还会考虑到办理烦琐的行政审批程序,学校内多个部门协调参与等因素所带来的管理压力和成本。但是国家目前尚没有关于资源共享的收费标准,资源共享的双方对收费难以达成共识,导致资源提供方会在权衡共享所带来的工作量和所能得到的报酬,从而选择多一事不如少一事,对共享没有积极性。

5.高校实践教学资源共享途径单一

目前,高职院校实践教学资源共享主要分为高职院校之间、高职院校与企业之间的资源共享。高职院校之间的资源共享主要表现为高职院校依托大学城,与其他高职院校进行点对点的资源共享,这种资源共享方式一般是对共享的主体具有置换型对等原则、互补原则以及邻近原则的限制,资源共享达成的难度系数比较高。高职院校与企业之间的资源共享主要表现如下:学校利用企业的生产设备等资源,在一定时间段,派学生到企业第一线进行顶岗生产实习,达到实践教学目的。但因高职院校只是阶段性地利用企业资源,在企业对利益最大化需求下,高职院校阶段性的共享要求较难得到企业的响应。

第三节 电工电子实践教学探析

一、电工电子实践教学现状及分析

(一)教学内容

在教学内容上,电工电子是一门电学基础课,主要包括电学基础知识、电子学以及电机学。课程内容相对来说非常基础,但是由于这门课比较抽象,再加上学生基础比较薄弱,学生学习起来可能会比较不轻松,学习兴趣也不浓厚,很多学生产生了厌倦、畏难的心理。电工电子的实验多为认知性和验证性实验,综合性和设计性实验较少,所以教学内容安排不是非常合理。

(二)教学方法

在教学方法上,学生做实验基本上是按照教师讲授的方法和步骤进行的,或者是按照实验指导书与教材进行设计和连接,学生只是单纯地机械性完成实验,得出相应的实验结果。这样的教学方法缺乏创新性和设计性,学生的主观能动性差,不利于培养学生独立认知事物以及自主解决问题的能力。

（三）教学结果及反馈

教学结果一般是学生按规定做完实验之后，学生填写实验报告，教师按照实验报告的数据评定结果正确与否并给出相应的评语。但是对于高职学生来说，仅仅通过实验结果判断学生的实验技能成绩是不科学的。这样导致学生重实验结果、忽视实验过程，而且还有可能出现抄袭的现象。[①]

二、电子电工实践教学改革

（一）实验教材的变革

实验所用的教材对学生能力的培养和提高以及教学质量有着非常重要的作用，它是实验过程中的重要载体。原有的实验教材偏重于验证性实验，而设计性与综合性实验较少，不利于学生创新能力的培养。

为了科学有效地提高实验教学质量，需要对原有的实验教材进行创新与改革，以学生为载体，以培养学生科学合理的创新能力为目的，以素质提高协调发展为宗旨，编写面向大众教育、适应生源多样化、具有多层次和多元化、有利于学生能力培养的实验教材。要尽可能与学生现有的认知状况相适应，与复合型、应用型和少数精英型人才的培养目标相衔接，以开放式电工电子实验教学模式为平台，以学生能力培养为主线，遵循教学规律和认知规律，即利教利学来构建。在编写电工电子实验教材的同时，也要及时编写校内实验讲义，发挥校内实验讲义对学生能力培养的作用，即实现实验教材与校内实验讲义的有机配合。

（二）设置合理的实验教学方法和教学手段

电工电子课程开设的目的，是使学生在掌握电学基本内容的基础上，强化对学习内容的理解，为后续的学习打下坚实的基础。传统的教学方法是通过教师在黑板上写板书，通过讲授让学生学习。

但是，电工电子所涉及的知识内容较多，专业覆盖面较广，单纯通过

[①]张若安，吴金华，李健. 以实践为导向的电子电工技术教学模式探析[J]. 湖北农机化，2019(19)：118-119.

教师口头讲授理解起来不够直观和形象,所以,通过使用一定的多媒体教学,增设一定的教学课件以及仿真软件,让学生在学中做、做中教,启迪学生的发散思维以及创新思维。将仿真技术、网络技术等引入到实验室教学中来,通过建立微信公众平台制作微课视频等在线答疑和信息资源交流平台,充分调动学生的趣味性以及积极主动性。

(三)确定完善合理的考核制度

传统的实验成绩是通过学生的实验报告上的结果及分析综合给出,慢慢地使学生产生了只注重实验报告而不注重实验过程的思维定式,部分学生没有认真完成实验报告,但是通过抄袭他人的实验报告或者编造数据蒙蔽教师,所以,必须通过多元化的考核方式来完善考核管理制度。

三、建设多元化的电工电子实践教学体系

(一)建设虚拟电子实验室

建设虚拟电子实验室就是在现有机房的基础上,通过仿真软件进行纯虚拟环境的建设,利用仿真类的软件,将各种实践操作当中的仪器仪表、数字器件等信息数据与计算机系统互联,电路灵活改变参数,并通过虚拟仪器仪表进行实验结果的动态监测和电路波形的显示,建设虚拟仪器、Web系统,充分对实际电子电路进行测试和分析。虚拟电子实验室的建设可以对实际电路进行数据处理、测量、分析等操作,进而实现对整个电路的把控。同时虚拟实验室逐渐趋于网络化发展,并通过计算机系统可以实现学生随时随地操作,不受地点、时空的限制,共享仪器设备,并实现数据资源信息的共享,教师可以通过远程控制进行实践指导。

(二)完善实践教学管理制度

以往教学模式只是在教师枯燥性教学基础上进行教学,学生只能够依据教师教学模式进行学习,但是学习之后学生并不理解自身学习的目标。因此,为进一步明确教学目标和教学方向,电工电子教学中教师应该精准教学定位,这样才能够逐渐实现技能型人才培养的目标。首先,

教师应该基于学校教学大纲完善校内教学的管理制度、纪律管理制度等,并落实学科责任管理制度.这样可以保障教学器材使用的安全性,同时应该成立教学监管督查部门,在监测学生学习情况的基础上,及时反馈学生缺席状况、教学质量控制等督查管理信息,不断提升电工电子教学效果。

(三)丰富教学资源

在学校教学当中的教学资源均有所限制,如果只是单纯且完全地依赖常规教学资源,就会在一定程度上限制实践教学质量,不仅无法提升学生学习兴趣,还会降低学生学习效果,继而致使教学质量不佳。因此,在教学中需巧妙融合技术工程人员、生产现场等,实现教学模式的多样化发展,这样才能够保证为学生提供最佳教育模式。随着智能手机、电脑等信息化网络设施的普及使用,学生可以通过互联网信息进行教学资源的补充。

(四)创建网络平台

电工电子教师要想提升学生学习效果,就需要基于学生学习各方面入手。首先,通过建立完善的教学平台,可以将教学中理论与实践教学进行丰富与补充,并积极打造出科学的网络教学板块。其次,在教学中,学生对信息仍处于认知阶段,因此,教师需要注重培养学生知识掌握的能力,不断向学生灌输真实的网络技术及电子电工理论知识。同时,随着电子电工理论和技能知识的逐渐深入,教师应该注重学生创新能力的培养,通过网络平台实现教学资源信息的共享,不断丰富学生对电工电子知识的理解与认知,从而培养学生对专业知识的认知,并积极优化实践操作教学内容,这样可以不断激发学生更多的创新性思维和实践性思维,促使学生进步发展。

(五)建立流动教师团队

电工电子教学中,社会资源也是实践教学中最为关键的教学资源。因此,为进一步丰富学生实践教学的灵动性,学校应该不断完善校企合作理念和合作意识,通过加大校企合作力度的方式,将自身教学优势有效发挥,并将校内教师送到合作企业进修学习,这样可以进一步丰富教师自身的专业素养、职业能力、实践经验,并定期邀请企业专家、高管等技能人才到校内开展知识讲座、技能培训,对学生进行基本技能和知识的培训,全方位提升学生对电子电工行业的认知和学习的积极性,多角度提升教学质量。并实现教师实践水平和科研水平的双轨发展,以便于更好地服务于学生,满足国家对技能型人才的需要,有助于校企合作,实现互利互赢。

(六)丰富课外实践活动

青年阶段榜样对学生来讲力量是无穷的,因此,可以通过选拔品德高尚、成绩优秀、实践操作能力强的学生,组织电子设计大赛等形式,促使学生通过榜样的效应来提升学生整体的积极性和主动性,而在技能大赛的创建与参与中,可以不断提升学生迅速解决问题与实践操作能力。同时,也可通过业余爱好组织,在业余时间由教师为基础较差的学生进行补课,并利用一些废旧的电子仪器表,强化学生的电器思维以及提升电子制作方面的能力。利用近期所掌握的电工方面的维修知识为同学进行免费维修,并开展维修协会的实践活动,丰富学生的电子实践活动。

四、电工电子课程实践教学改革建议

(一)努力抓好"三个建设"

1.实践硬件条件建设

电工电子课程实践教学需要学校的重视和支持,因为课程开设面向的专业和学生人数比较多,因此要保障电工电子课程实践教学设备设施数量的配套。而且,电工电子课程的实践教学是属于消耗性的,必要的耗材和设备设施维护、维修、改造、更新都需要学校在预算资金上给予支持和保障。

2.实践教学师资队伍建设

高职院校电工电子课程的专业化师资队伍建设水平虽然比之以前有了比较大的提升,但是依旧存在一些问题。比如部分学校还处于各教学系部各自为战的状态。所以,应该将电工电子课程放在学校统一的管理下进行课程建设,成立电工电子教研室,负责专职化的电工电子实践课教学师资队伍建设。

3. 实践教学教材建设

当前,高职院校电工电子课程实践教学教材普遍不足,高质量的实践教学任务书和指导书有所欠缺,各个高职院校要结合自身的电工电子硬件教学资源、条件,编订好切合实际的实践教学教材。

(二)加强"两个管理"

1. 加强过程考核管理

传统的电工电子课程实践教学考核,以实验报告的形式作为整门课程成绩的组成部分。因此,可以将电工电子课程实践教学单独设置为一门实践类课程,突出过程考核,建立覆盖出勤、学习态度、实践表现和实验报告、小组评价等的多元考核体系。

2. 加强理论教学管理

良好的理论基础是实施电工电子实践教学的前提和保障,因此要加强电工电子课程理论教学的管理,强化学生对基本概念、基本原理、基本公式、基本电路分析的知识掌握。

(三)做好"两门课程"建设

1. 做好电工电子精品课建设

精品课建设是对一门课程系统的积累、总结,是整合课程教学资源、统一教学管理、提升课程教学质量的重要手段,将电工电子实践教学内容列入精品课建设范围,有规划地开展课程建设,提升课程服务水平。

2. 做好电工电子网络课程建设

当代大学生越来越多地使用计算机和网络作为学习方式。伴随着计算机技术的发展,网络课堂已经成为学生预习、自学、复习的重要阵地。做好电工电子课程实践教学网络课程建设,将实践教学过程以影像的形式分享在网络上,能够更好地服务于学生学习需要。此外,依托虚拟技术和3D技术,可以开发大量的虚拟实验,这种虚拟实验零耗材、形象生动、安全,是未来电工电子课程实践教学改革的重要建设方向。

五、电工电子实践教学模式创新的必要性

传统的实践教学模式不能满足创新人才培养的要求。电工电子实践教学是电工电子课的重要组成部分,是全面实施教学大纲、提高教学质量、间接经验和直接经验相结合的教学环节。对于机电、电子信息类工科专业,实践活动更是完成培养任务的重要的一个环节,培养目标是为社会提供具有丰富的理论知识和良好的实践技能的机电以及电子技术人才。

多年来,高校一直采用以课堂理论教学为主、以实验教学为辅的教学模式。由于实践教学环节薄弱,使高校的毕业生难以更好地服务社会。为了提高学生的实践能力,多年来不断调整教学内容,改善教学方法,增加实验教学时间,但是依然不能取得令人满意的教学效果。究其原因可以发现,当前学生创新精神和实践能力培养遇到的主要障碍是:主观认识上依然沿用旧的教育理念,对实践教学重视不够,在一定程度上存在着"重理论、轻实践,重课堂、轻课外"的倾向;经费缺乏,教学实践基地难以落实,师生重视不够,教师指导不力,学生主动参与性比较差;教学管理体制严重制约着学生创新精神和创新能力的培养,学制限制过死,课程结构单一,学时负担太重,学生还要应付名目繁多的课程考试或等级考试等,难以进行自主性学习,难以积极主动参与实践教学活动,个人创新和实践能力难以得到发展。

理论教学与实验教学是高校教育的两个重要组成部分。其中,实验教学在应用型人才的培养过程中更是起到至关重要的作用。实践教学改革是一个系统工程,涉及教学管理体制、实验教学内容、实验教学方法、实验教师队伍建设等诸多方面。长期以来,电工电子实践教学基本处于理论教学的附属,忽略了实践教学的目的和特点,教学中重理论、轻实践,有时理论课讲什么内容,实验课就安排什么实验,缺乏对学生创新意识实践技能的培养。因此,彻底转变观念,提高电工电子实践教学的地位,加强电工电子实践教学改革,才能全面提高电工电子实践教学水平,使实践教学更符合社会发展的需要。

六、电工电子实践教学模式创新实践过程

(一)改革实践教学模式

电工电子实践教学形象直观的特点是理论教学所无法比拟的,更重要的是它更加侧重于对思维方式和动手能力的综合培养,作为理论教学的主要补充,它在整个教学环节中具有非常重要的地位。因此,为了有利于培养创新素质、创新意识以及创新能力,培养具有扎实基础和较强动手能力的高素质人才,必须对实验教学模式进行全方位的改革。传统的电工电子实验教学一般根据基础理论的进程,分为电工基础实验、电子线路实验与综合系统实验三个层次。这种层次划分符合人的认知过程。但是在每个层次的实验内容及实验方法上存在着内容陈旧、形式呆板、方法单一等问题。比如授课模式基本上是沿袭老一套的方式:实验目的、实验原理、实验方法与步骤、实验注意事项等。这种模式严重束缚了学生个性空间的发展。实验的内容则是过于紧贴理论教材,验证性实验居多,特别是过多地研究分立器件构成的电路,给学生带来较大的负面影响。比如分立元件的电路,设计起来公式繁多、计算复杂,调试费时费力,大大降低了学生的学习兴趣。所以,在基础实验环节应注重夯实基础、提高效率,将传统的实验教学以验证实验为主转变为以验证性实验为基础,增加设计应用性、综合性实验内容,采用应用技术与基础实验相结合的方式,既侧重实际设计与操作,又强化了实验课所必须掌握的各项基本训练内容,从而提高了学生动手能力,使实验教学在有限时间内发挥更大的效能。转变实验教学观念,发挥教师的引导作用,采用启发式实验教学方法,将学生作为教学的主体,让学生有足够的时间独立思考,引导学生肯思考、会思考,并注意学生收敛性和发散性思维同步发展,逐步养成严谨的科学态度和科学的思维方式。

(二)建立多元化实验模式

传统的实验教学模式按部就班,缺乏挑战性,不仅束缚了教师的手脚,也束缚了学生的思想,使师生循规蹈矩,缺乏主动性,难于创新和突破。所以,必须探索新的实验教学模式,以满足提高学生综合素质的

要求。

1. 对传统的实验内容进行提炼、精选、重组，着力开发综合性实验

传统实验内容虽然大多是验证性实验，但具有代表性，而且学生也要从基础入手，不能拔苗助长。所以对传统的实验内容不能全盘否定，要削枝强干、去粗取精，精选一些比较具有代表性的实验作为基础性实验，保持对学生基本技能的培养。而对有些实验内容进行整合，开发成综合性实验，把基础、提高、创新有机结合起来。比如在日光灯电路实验中，日光灯电路实验只是个验证性实验，只是让学生验证感性负载通过并联电容可以提高功率因数的事实。现在，除了验证这个事实外，还会向学生提出是否可以采用其他办法来提高功率因数，并让学生自己设计电路去实现。从实现的过程中发现问题，最后得出能否采用这些办法的结论。

2. 多开发以学生为主体的设计性实验

学生积极自觉地学习，能够最大程度地优化实验教学过程。为此，可以增加一些具有一定难度和深度的设计性实验项目。教师布置选题，学生独立完成实验全过程，包括电路设计、设备与元器件选择、实验内容编排、数据记录、结果分析并提交实验报告。教师只做基础性的、启发性的指导，不做结论性的评判。学生也可以根据自己对知识的掌握程度自主设计实验项目，力求充分发挥学生的主动性和创造性。比如原来的组合逻辑电路实验只是让学生根据课堂上讲过的电路设计出二进制和十进制计数器，现在可以向学生提出自行设计出任意进制的计数器，自行设计数字控制电路。虽然实验的难度有所提高，但是因为自主性大，学生们提前在课外时间设计好电路、实验内容和步骤，一上课就开始动手操作。不仅大大调动了学生学习的积极性，还能够使学生的能力和素质得到锻炼与提高。

3. 最大限度地为学生提供课外实验时间和空间

为学生提供比较充足的课外实验时间和空间，不但能够弥补教学计划实验学时少的不足，让学生有充足的时间完成实验项目，而且为学生

充分发挥创造力提供了平台。比如有的学生不仅能够完成大纲规定的相关的电动机直接起动控制和正反转控制，还可以完成电动机的顺序控制。通过做这些电动机的控制实验，学生感受到自动控制的神奇，兴趣大发，便利用按钮、接触器等低压电器对日光灯电路进行了自动控制。

七、电工电子技术实践教学模式构建

实践教学是高职院校培养人才的重要组成部分，是培养学生创新精神和实践能力的重要教学环节。与理论教学相比，实践教学在培养学生的基本知识、提高其实践能力等方面可以通过更加直观、实用性和创造性的科学研究方法发挥其重要作用。随着教学内容及课程体系改革的不断深入，如何培养更加实用的应用型人才成为迫切需要解决的问题。

（一）"四层次"的教学模式的构建

此种教学模式主要由四个循序渐进的环节组成，即基础培训环节、综合能力的提高环节、工程的实践环节、研究创新环节。基础培训环节主要针对的是低年级的基础知识不牢固的学生，加强培训可以使他们掌握好电子线路设计的原则及方法，培养其工程意识及基本的操作技能；综合能力的提高环节旨在加强学生对工程技术的方法及过程的创新，为他们提供有利的学习环境；工程实践环节是指通过综合性的实践，让学生能够对整个电气信息专业的发展趋势及前景有一个全面的掌控；研究创新环节旨在通过学生实践平台及各类科研活动等形式，培养他们的科研意识及初步掌握科研过程的能力。

（二）"三结合"的教学模式

开放式互动教学法贯穿整个实践教学的全过程。在结合课外练习的前提下，通过全面开放实践教学的时间、空间和方式，以及课外准备和课前检查、课堂互动以及批判性指导等措施，可以充分调动学生的学习主动性，提高整体教学效果。综合和设计实验项目采用任务驱动的教学方法，即在给定设计任务的情况下，从数据收集、程序演示、原理设计、系统调试、故障分析到项目总结，强调学生实验过程的全面和自主性，通过他们自身的努力及相互配合并加以必要的指导，实现教学的连贯性和促进学生的全面发展。

(三)"13494"特色实践教学模式

该体系包含1个培养目标(培养应用型的专门化人才)、3条主线(培养学生的实践能力、工程应用能力、创新能力)、4个层次(专业基础实践教学、专业实践教学、专业拓展实践教学、开放创新实践教学)、9个模块及内容(计算机基础、电子技术基础、电子技术应用、电机拖动与控制、信息技术、专业见习与实习、课程设计、毕业设计、学科竞赛模块)、4个项目级别(验证型、综合型、设计型、研究创新型),该体系能力层次划分完整,具备立体式教学结构,具有非常显著的教学效果。

八、电工电子实践教学体系构建

(一)电工电子实践教学体系和方法改革

1. 建立科学的电工电子实践教学体系

电工电子实践教学体系是一个包含基础技能层、实践提高层、综合创新层、科技研究层的分层次的完整的实践教学体系,它以紧密围绕提高学生的综合素质、培养学生的实践能力和创新精神为主线,注重采用强化层次化实验教学和采用开放式实验教学两种方式。在实践环节,按照基础实验、综合应用、设计开发、研究创新四个层次,以自下而上逐层提高的方式构建实践课程教学体系。

2. 树立以教师为主导、学生为主体的创新教学理念

建立以学生为主体、教师为主导的教育模式,改变以教师为中心、学生被动接受的方式,对学生进行引导启发式教学,给学生充分的发挥和想象空间,将面向实验结果转变为面向实验过程,不断提高学生学习的兴趣,养成自主走进实验室进行实践的良好作风。在传授知识的过程中,避免传统式教学,善于运用问题式启发教学,鼓励学生思考、探索和讨论问题;合理运用教学法,由简单知识点逐渐递进到复杂知识点,引导学生接受新知识;教师在讲授知识时要充分运用语言技巧和行为魅力,既能够活跃课堂气氛,又能提高学生对知识的领悟力。

3.建立多样化的实验教学方法

积极推进实验教学方法的改革,不断进行总结,改进、提高和丰富教学方法,逐步形成多样化的实验教学方法。例如讨论式教学、开放式自主实践教学、项目驱动及学生自学结合教师指导教学、课外科技活动的辅导、学生参与教师科研项目、网络辅导等多种实验教学方法。多样化实验教学方法主要体现为不同内容、不同对象、不同背景、不同项目情况下多种形式和多种方法的结合,其主要目的是以学生为中心,因材施教,因内容施教,充分激发学生的实践创新积极性,达到提高实验教学质量、实现创新能力培养的目的。

(二)电工电子实验实践教学体系构建

1.基础层

基础层以训练学生电工电子实验基本技能为目标,通过课程内容梳理,组织包括基本仪器仪表使用、常用元器件识别及测量、电子系统制作、各类工具的使用、实验室安全规范等内容。这些内容是电工电子实验的基础,知识点简单却很重要,需要学生通过反复练习才能熟练掌握。根据这些特点,可以采用"视频教学+开放实验+虚拟仿真"的教学方式,全方位帮助学生通过自主学习,快速、有效地掌握基础知识和各项基本技能。视频教学内容可以由教师根据实验室真实设备条件和环境录制,每个视频不超过10分钟,短小精悍,方便学生利用碎片化时间学习。本层次内容要求学生自学完成,通过技能考核进行能力认定,考核不通过者不能进入创新实验室。在原有实验教学体系中,教师需要安排专门的课内学时统一组织讲解器件识别和设备操作等基本知识,但由于缺少专项考核,学生基本操作不熟练,严重影响后续学习效果。学生的基础薄弱与实验项目的要求不断提高形成矛盾。基本技能训练层次的设计能够很好地解决这个问题,教师可以将简单重复性内容放在课外要求学生自学,配以丰富的教学手段进行帮助,增加基本技能考核环节,提高学生的学习效果,夯实基础,为后续有效开展综合性实验项目提供可靠保障。

2.拓展层

拓展层包括单元模块训练和综合系统训练。单元模块训练环节主要培养学生单元电路的设计制作能力以及故障排查能力等,实验内容一般覆盖经典知识,给定指标,要求学生设计完成,最终通过实验考试的方式进行考核。综合系统训练的目标是培养学生应用现代电子技术完成电子系统设计的能力、系统综合调试能力及学生团队协作的能力,课程以综合性项目引导学生完成"方案设计—软件仿真—硬件制作—调试"的完整项目开发流程,采用项目综合测评的方式进行考核。

3. 创新层

创新层以培养学生创新能力和工程实践能力为目标,组织参加学科竞赛和大学生创新创业项目等是锻炼学生创新能力和工程实践能力的有效途径。电工电子实验中心专设创新实验室,面向有竞赛有项目的学生开放。中心承担学校电工电子类学科竞赛的组织和培训工作,组织有经验的教师组成教练团队,面向全校开设选修课程进行针对性培训。中心还可以与国内外知名企业共建联合实验室,并邀请一线工程师做报告和讲座,使学生能够快速掌握电子技术的发展动态,了解市场需求。

(三)电子信息专业电工电子技术实践教学体系

1. 建立课内外相结合的电工电子技术实践教学体系

(1)课内

目前,在现代大学的电子信息专业中都已经开设了电工电子实践课程。课内,实践教学课程的设立主要包括常用电子仪器使用、电子元器件识别与性能测试、三相交流电与安全用电、电路基础实验、数字逻辑电路实验、模拟电子电路实验、电子线路的安装与调试、电子线路测试方法、电子系统综合设计、电子电路计算机辅助设计与仿真、电子电路开发与制作等教学单元。电工电子实践课程体系的建设遵从"基础—专业基础—专业—提升"原则,在内容上能够与理论课程相互衔接呼应,同时实现与相关课程的衔接。知识结构采用的是"点—面—系统"的结构体系。实践课程的取材要做到先进、新颖、实用,理论联系实际。在实验层次,按照"基础实验—综合设计型实验—研究创新型实验"的顺序,在大学高年级阶段进一步加大设计性实验和综合性实验的比例。

对于实验项目的设立,学生要有足够的选择空间。实验内容要使学生接受起来较为容易。在实验指导上,指导教师从讲解上要先详细后简单,指导学生逐步掌握实验的基本技能。在实验过程中,学生学会需求分析、电路设计、方案设计论证、模拟仿真、电路实现、数据处理、结果分析的工程要求。然后实现从基础到综合的提升,学生实现从以搭试、焊接为主的实验过渡到以系统设计、模拟分析和系统实现为主的实践体系。

(2)课外

在现代大学教学中,电子信息专业一般都有电工电子实验中心,一方面可以为本专业的学生提供基础实验的设备和场地,另一方面也应该成为课内实践教学基地。条件成熟的情况下,还要进一步向学生开放实验室的设备资源,开展丰富多彩的创新创意实践教学项目,鼓励学生参加各级各类创新创意大赛。比如大学生创新创业训练项目、物联网大赛、智能建筑设计大赛、全国电子设计竞赛、大学生创意大赛等系列化、制度化的活动。在这些活动中,学生是参与的主体,教师是辅助指导者,这能够进一步激发学生对电工电子技术的学习的兴趣,发挥学生的想象力和创造力。培养学生的知识应用能力、信息获取和选择能力,在实践中逐步培养学生的创新精神和创新能力。

2. 多媒体实验教学课件和网络管理平台的建立

伴随着现代化教学手段的不断发展,多媒体教学也得到广泛应用。为了满足开放式实践教学的需要,在教学过程中,实验教师可以把实验的内容、要求、器件清单、实验线路等制成多媒体课件,在课上学生就能够对实验的要求进行很好的掌握。同时,近些年来网络教学正在逐步兴起,电工电子技术实践课程也应该尽快建设网络化教学平台,通过网络平台,学生可以了解实验室的设备使用情况、能够开展的实验项目、实验项目的在线演示。这样学生就能够与实验指导教师在网上实现实验的预约、交流讨论等。

3. 推进开放式实践教学

实践教学要改变传统的输入式教学方法,改革简单的知识传授、验证理论课程内容的传统模式,变被动学习为主动学习,建立开放式实验教学环境;制作网络课件,建立网络化的教学平台;制定开放实验教师守则、学生守则、考核办法和实验室管理制度,使学生可以通过网络自由地预约实验时间,能够在完成基本要求的前提下自由地选择实验内容,为学生提供自主学习和创新的条件。开放式实验可以使学生逐渐克服依赖教师的心理,培养他们自主发现问题、解决问题的良好学习习惯;开放式实验可以使学生自主地安排实验,学生有进行创新实践的时间和空间。开放式实验教学还可以解决教学管理上的相关问题,比如随着学生自由选课的增多,整班安排学生实验困难重重。开展开放式实验教学,可以让学生自由地选择适合于自己的时间进行实验,可以在对问题有了深刻了解和认识后再进行实验,以取得更好的效果。同时,可使实验室的使用效率得以提高。

第三章 基于"制作习得"教法的实训基地研究

第一节 实训基地建设的内容及原则

一、实训基地建设的内容

(一)实训基地

实训基地是由多个实验实训室组成的用于在校学生通过工学结合学习实践技能的场所。实训基地分为校内实训基地和校外实训基地。校内实训基地是指位置在学校内部的实训基地,校外实训基地是指通过校企合作建设成立的、位置在企业内部、用于在校学生学习实践技能的场所。

(二)实训基地类型

1.按产权归属和施教位置,实训基地可分为校内实训基地和校外实训基地

(1)校内实训基地

校内实训基地主要完成基本技能训练和专业技能训练。校内实训基地建设要尽可能与生产、建设、管理、服务一线相一致,形成真实或仿真的职业环境。在功能上实现"教室、实训室、车间"一体化,在教学上实现"理论教学、实践操作、生产实训"一体化。

(2)校外实训基地

它主要依托一些规模较大、生产管理规范、技术先进的企业,借助企业的生产技术设备和操作人员,学生在真实的职业环境中进行岗位技能

训练或顶岗实习,来提高学生的职业技能和综合素养。

2.按功能实训基地可分为专业性实训基地和综合性实训基地

(1)专业性实训基地

针对某一专业实践教学需要而建立的实训基地。要求有满足实训需要的设施场所、数量充足和技术先进的实训设备、专兼职结合与结构合理的实训师资。

(2)综合性实训基地

集中建立的能够满足多个专业实践教学需要的实训基地。综合性实训基地可实现资源共享,能满足多个专业或多个职业院校学生实训、企业职工培训和社会各种培训等要求,在一定程度上可提高实训设备的利用效率。

另外,按投资主体可分为公共实训基地、合作联办实训基地和独有实训基地。[①]

二、实训基地建设的原则

(一)仿真性原则

职业教育是为某一职业岗位或岗位群培养技能或技术操作人员的教育,实训教学需要有目的、有计划、有组织地模拟实际岗位或岗位群的基本技能操作,对学生进行系统、规范的训练。因此,实习实训基地应当尽可能贴近生产、技术、管理、服务第一线,努力实现真实的职业环境,让学生得到实际操作训练和综合素质的培养。

(二)先进性原则

由于教育的周期性和技术的时效性、投资的一次性和使用的长期性,高职院校的实训基地建设必须具有一定的先进性,教学场地的构建、设施设备的配备、管理模式的选择等都应具有一定的前瞻性,能够代表本行业技术应用发展趋势,尽可能体现专业领域的新技术、新工艺、新方法,使学

①陈振.基于实训基地建设的职业院校(园区)空间结构模式研究[D].南京:东南大学,2016:12-17.

生达到较高的技术水准,使职业院校培养的人才能够实现有效就业。

(三)系统性原则

职业技能训练既包括基本技能训练,也包括专业技能训练;既包括单项技能训练,也包括综合技能训练。因此,实训基地的构建要坚持从简单到复杂、从低级到高级、从单项到综合、从技能演练到技术开发,逐步累积和深化,形成一个循序渐进的实践过程。

(四)开放性原则

高职院校的实训基地在环境和总体设计上要具有开放性,即面向学生、行业、企业和社会开放。特别是校内实训基地,不仅可以为本校学生提供实践训练场所,还可以为社会上相应行业、岗位的在职人员提供培训,为社会提供多方位服务,成为对外交流的窗口和对外服务的基地。

(五)综合性原则

我国的高职院校实训资源短缺,因此,实训基地要建设成集教学、培训、职业技能鉴定、师资培养和技术服务等为一体的多功能教育培训中心,在高职院校内部尽可能覆盖多个专业实训的需求,对校外可以满足社会的多种需求。实训基地投资较大,多功能的实训基地有利于提高投资的经济效益和社会效益。

三、实训基地建设的意义

加强职业教育实训基地建设是提高职业教育人才培养质量、解决技能人才培养瓶颈的关键措施。实训基地是体现职业教育培养质量和办学水平的重要标志,是提高学生实践能力和创新能力的重要支撑,也是工学结合、校企合作的重要纽带。

实训基地建设,包括设施设备、管理机构、规章制度、运行机制、实训经费、实训方案、实训教材、实训方法、师资队伍、实训学生、实训教学评估等内容。而目前比较突出的是实训设备、实训经费、实训教材和实训师资等问题,还需要找到合理的解决办法。

四、实训基地建设的必要性及现状分析

随着我国经济的不断发展,我国高职院校的建设和发展与之前相比也有了很大的进步,每年向社会输出大量合格的毕业生,这些毕业生分布在国内和国外的各个行业,为整个社会的发展做出了巨大的贡献。

实训基地作为高职院校的一个重要组成部分,一直是我国各个高职院校的重点关注和建设方向。据调查研究显示,目前我国高职院校实训基地的建设水平与之前相比已经有了非常巨大的改进,总体水平也得到了不断提高,学校的实验室、实习和实训场所以及附属用房的学生均摊面积已经达到了国家整体偏上水平。据调查研究显示,目前国家工科类高职院校学生人均所占实训基地面积为8.3平方米,而综合类高职院校人均所占实训基地面积为5.3平方米。

(一)加强高职院校实训基地建设的必要性

1.加强实训基地建设是提高学生整体能力和素质的需要

对于我国高职院校实训基地建设,政府一直也比较重视,高职院校实训基地建设可以进一步改善目前高等教育所具有的重理论、轻操作的情况,它的建设和发展可以全面提高学生的实际操作动手能力、面对实际情况时解决问题的能力以及面对突发事件时的现场应变能力。实训基地的运用不仅提升了学生的操作技能和技术,还可以带动学生对所学的理论知识进行巩固、反思和完善,对于理论的加强和进一步的修订完善都具有非常重要的意义和作用。所以,实训基地的建设和发展可以全面提升学生的整体素质,帮助他们顺利地过渡到社会的实际工作岗位,减少他们的工作适应时间,对企业和学生都有积极的作用。

2.加强实训基地建设是提高学校整体竞争力的需要

随着我国对国民教育的日益重视,国民教育的发展已经成为整个社会发展的核心问题,国家、社会和民众的重视使得我国的教育在近年来取得了飞速发展。高职院校虽然在数量上有比较大的优势,但是随着近些年来国家对普通本科教育的普及,本科院校扩招对高职院校的招生带来了很大的冲击。与此同时,各个高职院校之间对生源的竞争也日趋激

烈。在这种情况下,高职院校实训基地建设一方面可以提高学校学生的就业率和就业水平,在一定程度上与本科院校相抗衡;另一方面,高职院校实训基地的建设水平可以大大增加学校与竞争对手竞争时的实力,帮助学校获得竞争优势,扩大招生生源,带动学校全面发展,从而最终提高学校在社会上的整体竞争实力。

3.加强实训基地建设是加深校企、校校合作,增加协同优势的需要

目前高职院校实训基地建设主要采用学校自建、校企合作以及校校合作的方式,由于实训基地建设需要耗费大量的资金,因此校企合作和校校合作就成了高职院校实训基地建设的主要方式。这种方式一方面可以最大限度地节约学校有限的资金,帮助学校对资金进行更加合理、有效的利用,在此方面提高学校的竞争力;另一方面,学校采用校企合作、校校合作可以加深学校和企业之间、学校和学校之间的交流,互通有无,实现资源的利用和共享,帮助相关方建立起利益均沾、风险共摊的统一整体,从而增加了他们的协同优势,最终获得了 1+1 > 2 的效果。

4.加强实训基地建设是提高全民整体素质的需要

虽然我国近些年来的国民受教育水平和范围与中华人民共和国成立初期相比有了飞速发展和进步,但是与发达国家相比依然存在较大差距,国民的整体素质水平仍较低。作为国家高等教育的重要组成部分,高职教育有效提高了国民素质。因此,我国职业教育的发展提高了我国的高等教育的普及率,使得受教育人数得到大幅度提升,从而提高我国民众的受教育率,提高国内民众的素质。而院校的发展和壮大离不开实训基地的建设和发展,只有这样才能使高职院校在激烈的市场竞争中存活下来,并得到不断发展,才能吸引更多的生源,才能提高全民整体素质。

(二)实训基地建设的现状分析

实践教学是高职教育的重要环节,对形成学生的职业岗位能力与高职教学特色、提高教学质量具有重要意义。实训基地是实践教学过程实施的实践训练场所,是高等职业教育中对学生实施职业技能训练和职业

素质培养的必备条件,也是高等职业教育办出特色、实现高职高专人才培养月标的基础性建设。作为学生与就业岗位零距离接触的窗口,当前通过校企合作方式建设实训基地对提高高职学生的综合职业素质和适应社会的能力具有十分重要的现实意义。

1.高职院校实训基地建设存在的问题

目前,各高职院校都已经十分清楚实训基地建设在改善办学条件、提高人才培养质量中的重要作用,在实训基地建设方面都进行了积极的探索与努力,取得了一些成绩。但由于指导思想、资金管理等方面的原因,仍存在许多问题。

第一,课程主导。受普通本科院校学科本位思想的影响,许多高职院校实训基地建设不是以学生职业技术能力的形成为依据,而是以满足课程内容的教学为基本依据。有什么课程,相应地就建设什么实训基地,实验室只是放置了一些设备的教室,一切都是为了课程教学内容的需要。学生只能像在普通高等教育的实验室中一样进行一些验证性实验,无法体验到"工厂经验"。

第二,资金不足。实训基地建设对经费的投人需求较大,特别是工科专业对实训条件要求较高,需要投入大量的资金。资金不足成为制约各高职院校实训基地建设的最为重要的因素。

第三,针对性差。瞄准市场设专业、瞄准岗位设课程、瞄准能力搞教学是高职教育的基本要求,实训基地建设应有利于学生职业岗位能力的形成。然而,许多高职院校的实训基地大多只能进行一些基础性的训练项目,缺乏岗位针对性,学生通过学习和训练仍然无法适应岗位工作的要求,更谈不上与实际岗位工作的"零距离接触"。

第四,技术滞后。许多高职院校由于实训设备陈旧、技术滞后,学生参与实训的项目与获得的技术能力都是已经过时或很快就要过时的技术,以至形成"旧技术指导新实践"的怪现状,使得学生的社会适应性差,就业竞争力不强。

第五,利用率低。许多高职院校实训基地建设处于封闭或半封闭状态,缺乏校企联合、校校联合,甚至校内各专业之间的联合也不够全面深入。以专业为单位,各自为战,自成体系,资源缺乏整合,实训设备的兼容性差、利用率低,导致重复建设与资金浪费。

2. 校外实训基地在培养学生实践能力方面的作用

第一,实践能力训练的作用。实训基地作为实践能力训练的载体,能够为高职院校学生提供包括基本技能和综合能力训练两个方面的实践环境。由于学生在实训基地进行顶岗实训,实训基地在各实训项目中均安排了一定比例的基本技能训练。另外,实训基地也非常重视学生实训期间综合能力的培养,使学生不仅能学到实际工作经验,而且能培养团队协作精神、群体沟通技巧、组织管理能力和领导艺术才能等个人综合素质。

第二,职业素质培养的作用。由于校外实训基地是处于正常运转的企业,学生所处的工作环境都是真实环境,执行的规范也都是职业标准,实训项目均是相关专业学生今后所从事的职业及工作岗位的具体工作。在这一真实环境中进行岗位实践,不仅能培养学生解决生产实践和工程项目中实际问题的技术及管理能力,而且还能培养学生爱岗敬业的精神,使学生真刀真枪地进行职业规范化训练,从而从思想上热爱本职工作,树立为事业献身的精神。同时,实训基地建立了一系列考勤、考核、安全、劳防、保密等规章制度及员工日常行为规范,使学生在实训期间便养成遵纪守法的习惯,为今后走上工作岗位进行了职业道德和企业素质的培养。另一方面,实训基地提供了现代工程技术人员应具备的质量意识、安全意识、管理意识、协作意识、市场意识、竞争意识和创新意识等工程素质形成的实践氛围。一个综合实训项目的成功需要群策群力,一个突发事件的处理需要通力合作,只有加强协调与合作,才能顺利完成各项工作任务。通过实训,学生能够真正领悟到现代化生产和科技发展必须倡导团结协作的团队精神。

3. 充分利用企业资源,建立稳定的校外实训基地

校外实训基地的建立主要通过专业教师联系,校企双方达成一致后签订协议。所联系企业应考虑实训方便并具有实力和特色,在联系、实训、交往的过程中,循序渐进地与企业建立感情,并逐步开展各项合作,最后挂牌成为校外实训基地。

综上所述,高等职业教育培养的是生产、管理、建设、服务第一线需要的高级技术应用型人才,通过校企合作方式加强实践性教学,是培养学生的专业技能、实践能力和职业素质的根本途径。实训基地建设在发展高职教育中起着重要作用,其建设发展对于高职院校来说是一项长期而艰巨的任务,需要社会各界特别是企业的参与。只有这样才能为社会培养出更多的具有实践操作技能和创新能力的高素质人才。

第二节 校内实训基地的建设与管理

一、实训基地的建设情况概述

实训基地又被称为实践教学基地,它是实现高等职业教育目标的重要条件之一,其教学基础设施与工作状况直接反映学校的教学质量与教学水平,其开发与建设的成功与否,是高职教育能否真正培养出适应社会经济发展需要的应用型技术人才的关键。

二、校内实训基地的建设模式

(一)政府、企业与社会、学校多方投资共建型

1. 政府、企业与社会、学校多方投资共建型的内涵

政府、企业与社会、学校多方投资共建型是指一部分高职院校的校内实训基地是由政府、企业与社会、学校多方共同投资兴办的。具体的建设项目各方投资比例根据不同情况由各方协商确定。

2. 政府、企业与社会、学校多方投资共建型的特点

在建设主体上属多方共建型,即学校在特定专业与多家企业或行业、政府部门同时开展合作,分别以不同的形式进行有利于人才培养的校内生产性实训基地建设。

在合作方式上属自由合作型。即学校有针对性地选择企业、行业协

会或政府部门,只要双方有需求,就可以开展各种形式的合作。合作形式相对比较自由,或以学校为主进行建设,或以企业或行业为主进行建设。

在运行管理上,有共同经营型,即校企双方共同出资建设和经营生产性实训基地,基地以企业的名字冠名。如餐饮专业在校内经营餐厅等业务。有任务驱动型,指教师主动搜集和获取企业的信息,把某一企业的产品设计要求拿到课堂上来,由学生根据企业的要求进行产品的设计和研发,学生完成设计作品后由企业进行评选、认定。如服装、制鞋、家具等专业的学生设计的作品中经常会有部分创意元素被企业采用,有的设计会被企业买断并投入批量生产。

3. 政府、企业与社会、学校多方投资共建型的优缺点

(1)优点

可以充分利用行业部门、企业的职能、信息、技术、资金等,开展各种技术培训和技术监测,提升实训基地的生产水平。相关利益主体根据各自需求开展合作,形式灵活,见效快,学校主动性也相对较强。

(2)缺点

合作效果人为因素大,随意性大,合作基础不牢固,管理协调复杂,需要较完善的实训基地建设、运行管理,绩效考评机制和有效的管理办法。

(二)校企合作共建型

1. 校企合作共建型的内涵

校企合作共建型是指校企双方通过多种形式在学校内共同建设面向不同专业培养学生相关技能的实训基地。这是一种比较自由的组合形式,校企双方只要有需求就可以开展各种形式的合作,共建共享校内实训基地。

2. 校企合作共建型的特点

投入的主体是学校和企业,属校企一体型,即校企双方共同投资建设生产性实训基地,实行企业化运作,以企业为主组织生产和实训,学校主

要负责管理和理论教学。

在运行方式上属引企入校型,即当学校拥有先进的生产设备,但运行成本较大,且缺乏高水平的指导教师时,就会主动引进企业,学校主要提供场地和管理,由企业提供原材料和技术人员,组织学生开展生产和实训。

3.校企合作共建型的优缺点

(1)优点

由于经营管理企业化,产权明晰,学校可以用较少的投入赢得企业丰富的资源,企业的资金投入、设备更新和实训指导均有保障,而且生产功能强、管理水平高,有利于提升实训基地水平。

(2)缺点

学生的生产性实训可能会因为企业的生产任务而受影响,可控性不强,管理协调比较复杂,在教学上难以兼顾"学"的需求,引进的企业会更多地考虑经济效益,实习内容流于形式。

(三)政府与高职院校共同出资建设型

1.政府与高职院校共同出资建设型的内涵

政府与高职院校共同出资建设型是指以各级政府的财政投资与高职院校自筹资金相结合建立的各级各类校内实训基地。

中央财政的经费主要起扶持、引导和示范作用,目的是鼓励和促进地方加大实训基地建设的经费投入力度,加快基础能力建设,改善学校的办学条件,为经济社会的发展提供高质量的人力资源。

2.中央财政投入的建设模式

中央财政专项资金支持的职业教育实训基地建设将采取两种模式。

第一种是区域综合性实训基地(建设型大模式)。按照国家五大经济带分布,与国家西部地区大开发、振兴东北老工业基地、中部崛起等发展战略的要求相配合,通过几年的逐步投入,在职业院校相对集中的中心城市建设若干投资额度需求较大、设备配备较全的区域综合性实训基地。这种基地应以地方政府为主统筹规划和建设。地方政府对基地建设的日常维护运行要建立保障机制。教育部、财政部只对即将建成的或已建成并符合标准的基地给予奖励、支持。

第二种是专业性实训基地(建设型小模式)。选择在当地某一专业领域能起骨干示范和辐射作用的职业院校,通过一次性投资,支持建设一批以服务本校为主,又能与周边职业院校共享的专业性实训基地。

3.地方财政投入的建设模式

政府与高职院校共同出资建设型模式在实际建设中主要有以中央财政投入为主、地方财政投入与高职院校投入为辅,地方财政投入为主、中央财政投入与高职院校投入为辅,学校自筹投资为主、地方财政投入为辅等几种模式。中央财政投入资金发挥的引导作用,能够激发地方财政以及企业、院校建设实训基地的积极性。

(四)学校投资主导型

1.学校投资主导型的内涵

学校投资主导型是指以高职院校投资为主、以各类政府补贴及企业投入为辅的一种实训基地建设模式。这种模式大多是以学院专业师资、技术专利或校办企业为依托,通过吸引社会各方面的资金,建设具有一定的市场前景、能够满足学生实训需求的基地。

2.学校投资主导型的形式

学校投资主导型模式包括学校自筹资金、社会赞助、企业捐助等形式。

(1)自筹资金型模式

自筹资金型模式是典型的学校主导型模式。由学校(师生)出资,在设备、管理等方面建立与现代企业相同的生产(经营)性实训基地。广州松田职业学院建立的以商棚为平台的跳蚤市场,以创业园为平台的生产性实习基地,基于校园电商平台为主题的线上、线下一体的生产性实习基地,以及"日日鲜"保鲜蔬菜连锁超市、机电系汽车服务中心、财经系会计服务中心等都属于这种模式。

（2）社会赞助型模式

社会赞助型模式是指企业或企业家、社会知名人士在一定的条件下无偿赞助，由学校建立相关的实训基地。一些有远见的企业或企业家，为支持学校办学，推广和宣传本企业的产品，会无偿赞助或以半赠送的形式向学校提供该企业生产或营销的仪器、设备等，以企业投入为主建设校内生产性实训基地。一方面，企业或企业家、社会知名人士通过无偿赞助的形式，树立了良好的社会形象；另一方面，学校培养了一批熟悉该企业和该企业产品及操作性能的专门技术人才，这些人才会成为该企业产品的义务推广者、活广告甚至是忠实的用户；学校还可以为企业提供客户培训、优先推荐毕业生等。

（3）企业捐助型模式

企业捐助型模式是指一些热心慈善事业、热心教育事业的社会知名人士为支持教育事业的发展，以无偿捐助的形式帮助学校建立的实训基地。

3.学校投资主导型的特点

生产经营和实践教学主要由学校负责、统一安排，便于实施教学计划。这类学院具有较强的自主性和使用的便利性，其发展前景主要取决于其管理运行机制是否灵活、科学、适用。

（五）学校独资建设型

在高职院校的实训基地中，有一些实训基地是由学校独立投资建设的。特别是在一些隶属于企业办的高职院校和部分民办高职院校中，这种情况较多。受资金影响，学校独资建设的实训基地通常以模拟仿真实训基地为主，以生产性实训基地为辅，建设规模一般不大。[1]

三、校内实训基地的建设管理

（一）校内实训基地建设的前期管理

校内实训基地建设的前期管理主要是指编制实训基地的建设方案。

---

[1]孙秋莲.基于产教融合的"双高计划"校内电子商务实训基地建设研究[J].数码设计(下),2020,9(06):287.

在编制实训基地的建设方案时,需经历校内实训基地建设的分析论证、初步设计、制订方案等方面。

1.校内实训基地建设方案编制思路

(1)基于职教课程方案

实训基地建设方案的开发要充分建立在对相关课程理论与课程方向把握良好的基础上,要依据特定的课程方案来确定实训基地的功能与装备标准。

(2)基于工作体系

以个体职业准备为目标,突出工作岗位需求来培养学习者的各种综合能力,而这些能力的培养必须以具体的行动导向、职业领域、实际情境为基础,突出实践性教学。

强化实践性教学,则必须建设加强职业教育各种实训基地的建设,实训基地建设方案的开发则必须以职业岗位的具体工作任务进行规划实施。

(3)遵循学习规律

基于学习理论,强调知识的建构性、社会性、情境性、复杂性和默会性,强调鼓励知识创新,以培养知识创新人才。

2.校内实训基地建设方案编制原则

在校内实训基地建设项目方案的拟订中,应坚持以下原则。

(1)实用性原则

校内实训基地必须实用,必须紧贴地方经济发展重点,体现职业能力和技能培养的特点,为各专业学生的培养目标服务,避免追求场地配套上的华而不实,以最大限度地用好有限的资源、经费。

(2)综合性原则

实训基地的建设不能走以前普通高校按课程设置实验室的老路,要按专业大类、专业能力和技能的培养主线,形成系列,适用性要强,能进行多学科的综合实训,相关专业尽可能通用,以发挥综合利用的优势。如在建设商务实训中心时,就将法律文秘类和语言类专业的情景实训室有机结合进去。

（3）先进性原则

紧跟时代发展前沿的综合性职业技能训练项目,体现新技术、新工艺,瞄准实际应用型人才缺乏的高技术含量和新技术行业的职业岗位。在技术要求上具有专业领域的先进性,适当考虑超前性,使学生在实训过程中学到和掌握本专业领域先进的技术路线、工艺路线和技术应用本领。设备要先进,技术要先进,思路要先进。先进不等于一定要花大价钱买高精尖的设备。

（4）体现真实职业环境的原则

尽可能贴近生产建设、管理和服务一线,努力体现真实的职业环境,让学生在一个接近真实的职业环境中按照未来专业岗位对基本技能的要求,得到实际操作训练和综合素质的培养。

（5）可持续性原则

对资金投入量大、需分步实施、跨年度的实训基地建设项目,应先整体规划,后逐步到位,既满足当前的教学需要,又为以后专业发展和技术升级留有空间,要把可持续发展的思想贯彻到校内实训基地的建设中。

（6）开放性原则

在环境和总体设计上要有社会开放性,不仅可以为校内学生提供职业技能实训,而且能承担各级各类社会职业技能的培训任务,为地方经济发展提供多方位服务,成为对外交流的窗口和对外服务的基地。

3.校内实训基地建设方案编制路径

（1）分析论证

分析论证是进行实训基地建设的可行性研究。可行性研究是确定建设项目前具有决定性意义的工作,是在投资决策之前对拟建项目进行全面技术经济分析论证的科学方法。在投资管理中,可行性研究是指对拟建项目有关的自然、社会、经济、技术等进行调研、分析、比较以及预测建成后的社会经济效益。在此基础上,综合论证项目建设的必要性、财务的盈利性、经济上的合理性、技术上的先进性和适应性以及建设条件的可能性和可行性,从而为投资决策提供科学依据。

（2）初步设计

初步设计是在分析论证的基础上,根据院校的实际情况确定相应的设计观念、设计目标,根据教育基本原理和专业特点确定拟建实训基地的设计方案。进行初步设计时,要充分展现实训的职业环境、工作和生产经营流程与企业文化;所用设备和技术在相应领域内具有一定的超前性、前瞻性,并充分体现国家化原则,体现职业与职业教育的发展趋势。

（3）制订方案

制订方案是指编制拟建实训基地的建设方案,包括建设方案设计图、资金投资预算、建设进度、保障措施和预期效果等。建设方案制订后,即可进行招标程序。

（二）校内实训基地的建设管理

校内实训基地的建设是一个刻不容缓的事情,因为单纯依靠校外实训是不能满足高职教育对于实践比例的要求的。所以笔者一直在思考,无论是院校级还是系部专业的实训基地建设,仅仅靠耗巨资购进一些设备、买进一些计算机、购置一些软件就可以了吗,答案是否定的。硬件和软件的配备固然重要,但是如何有效利用这些资源,如何在有限的时间内提高其利用率、发挥其价值,如何有效避免校内实训室流于形式,如何真正切实地锻炼学生的动手能力,这些问题无疑是摆在各大高职院校面前的共同难题。其中涉及规划、管理、制度等一系列问题,应在建设之初就明确实训的任务和目的。以下从几个方面简单阐述校内实训基地建设需要考虑的问题。

1.校内实训基地建设原则

按照"科学规划、统筹安排、突出重点、合作共建、资源共享、分步实施"的基本原则进行建设。在建设过程中应坚持如下原则。

（1）导向性原则

实训基地建设要发挥导向作用,要考虑把优质教育资源与行业企业生产有效结合起来,以项目建设的形式完善学院重点专业实训基地建设,通过真实或仿真的职业环境,按照与职业岗位群对接的要求,开展各种职业技能和职业素质训练。做到先进性、真实(仿真)性、实用性、开放性、生产性相结合。

(2)共享性原则

实训基地建设目标定位要准确,要综合利用现有资源,最大限度地实现资源共享、辐射周边,充分体现开放性及社会服务功能,使之成为技能型紧缺人才训练基地、农村劳动力转移培训的课堂、校企合作的载体、产学结合的平台。

(3)效益性原则

实训基地建设应与院校人才培养规模和市场对技能型专门人才需求状况相匹配,要注重社会效益和经济效益的统一。要创新管理理念,注重开辟新思路、实行新机制、采用新模式,提高实训基地的投资效益,走自主发展、自我完善、自我管理的道路。

(4)持续性原则

实训基地要通过多种途径提高软硬件建设水平,增强实践教学和社会服务能力。特别是重点特色专业实训基地,必须高度重视其持续运行能力,要坚持"依靠专业办产业、办好产业促专业"的原则进行建设,在保证完成实践教学的前提下,创新实训基地管理体制和运行机制;实行专业化生产经营、企业化服务管理,形成管理、运行、发展的长效机制,使其成为集教学、培训、生产、科研为一体的多功能教育实体,确保基地的可持续发展。

(5)动态发展原则

结合专业和师资队伍建设,院校对运行规范、效益良好,示范作用显著,发展前景广阔的实训基地重点发展,支持其进一步提高水平和扩大规模。重点建设专业性、生产性实习实训基地,力争发展为区域性基地。积极创建、申报省级、国家级示范基地,适时淘汰不适合市场需求、共享和辐射作用不显著、无可持续发展能力的基地,实现实训基地的动态发展。

2.明确实训目标和任务

各专业在建设校内实训基地时,首先均须明确本专业学生应具备的核心能力,因此既然要投资、要建设,就要把钱花到刀刃上,所购置的软硬件一定要契合人才培养目标。在建设初期要深入企业,了解当前企业的技术水平和工人的技能要求,以使所配置的设施设备跟上时代要求。

在明确了各专业的实训目标的基础上,要合理考虑经费的投入,采取分阶段逐项投资的方法,确定实训基地的面积、布局,设备的型号,教学软件的种类等问题。

根据专业性质的不同,校内实训基地可分为真实场景实训基地、虚拟实训基地两种。真实场景实训基地是指所购进的设施设备是企业真实采用进行生产的设备,可直接进行操作和生产,这种实训基地更像校园工厂,但是要想建造一个成功的真实场景实训基地必须注入巨大资金,因为要考虑场地面积、设备型号、数量等多种现实问题;虚拟实训基地是指运用教学软件和设备模型来满足教学要求,教学软件既可是软件公司针对专业特色模仿企业流程的操作软件,也可是企业真实应用的软件,而模型则是列为参观了解的实物,虚拟实训基地在一些管理类的专业中应用最为广泛,如物流管理、营销策划、电子商务教学软件的应用以及物流设施设备的模型等。虚拟实训基地的开发必须依托信息技术和网络技术,要有巨大的数据库的支持。

3. 明确主干课程实训、专项实训和综合实训

各专业实训教学的展开,首先必须确定专业主干课。每个专业通过对院校调研、专家咨询、毕业生岗位调查等手段来确定主干课。从分析各届毕业生的就业去向、各专业的就业岗位着手,确定专业的培养目标,根据其相关岗位所需要的专业素质、专业能力和职业技能等要求构筑实训课程体系,展开实训教学。

设置人才培养计划时,需要对这些主干课加大课时量,在课程讲授过程中利用校内实训基地对相应的技能进行实训,实现边学习边动手、边理论边实践的结合,从而在学中做、做中学,达到做学结合的目标。实训不仅包含课程实训,还包括专项技能实训和综合实训。各种实训形式要分阶段、分层次,采用先易后难、从专项到综合循序渐进的方式进行。

无论何种专业的何种形式的实训,一定要解除学科体制的束缚,避免

学科体系中重理论轻技能的弊端,根据企业行业岗位需求,开发各种实训项目。

4.科学编著实训文件资料

实训教学要求其教材应及时反映科学技术与行业的发展进步,符合企业对人才的实际需要。实训文件包括实训教学大纲、制订实训教学计划、设置实训项目、实训教材等资料。实训文件的编写要在企业有关专家的指导下科学制定,参考一些行业的技术标准。在实训基地内对实训资料和实训教师进行统一安排。

实训教学大纲对于实训的任务、目的和性质应有明确的规定,其对于整个实训任务的实现具有统筹指挥和规划作用。在实训大纲的指导下,对各个课程设置任务,利用任务驱动的方法进行项目化教学,通过每一个具体项目的实施,使学生掌握基本的操作技能,从而达到实训的目的。所有的实训文件必须与时俱进,不能脱离行业最新形势,必须密切和企业行业的合作,随时更新。

5.大力培养双师型教师

现代职业教育课程观强调一体化教学,因此双师型教师在其中起着重要的作用。校内实训基地硬件条件具备之后,还必须有既懂理论又懂实践的教师对学生进行现场指导。

双师型素质教师的重要性毋庸置疑,但目前多数高校这种高素质的教师所占比例并不高。为适应职业教育新形势的要求,各院校必须通过多种形式鼓励中青年教师到各大企业顶岗实习,通过半年以上的实际锻炼来提高教师的实践技能水平,在掌握充分的理论知识的基础上又具备实践动手能力,这样,双师型素质教师在指导学生实习实训的时候就更具说服力,而具备双师型素质的教师从教也会更加得心应手。因此,职业院校必须制定一些政策,鼓励中青年教师转型为双师型教师,或者从企业引进一些能工巧匠来提高自己的双师比例,高职院校要想更快更稳地发展,非此不可。

此外,管理手段、体制和方法的创新也同样重要。利用率相对较高的校内实训基地必须采用多媒体信息技术实现网络化管理。总之,校内实训基地的建设是一个巨大的工程,非一朝一夕可以完成,必须有步骤、有计划地逐项完成,因此也必须有脚踏实地的务实精神。

(三)校内实训基地建设工程验收管理

实训基地建设项目完成或项目中某一独立环节完成且试运行一段时间后,由项目立项人向学院实践教学委员会提出验收申请。项目验收包括场地设备验收、功能验收和资料验收等。

1. 场地设备验收

场地设备验收主要从硬件上检查场地的改造装修和设备的选择、型号、规格、数量、安装是否达到立项书与合同的要求。

2. 功能验收

功能验收主要检查是否达到项目建设目标和预期的实训项目,由项目负责人及其成员逐项或挑选演示实训项目,采取一票否决制,即只要有某一项预期实现的实训项目没有成功,功能验收就不合格。

3. 资料验收

资料验收时必须提供:验收申请项目建设总结;项目申请书;所有合同和资金使用情况表;项目能进行的实验、实训、实习课题清单;项目能进行的实验、实训、实习课题的大纲、指导书;项目能进行的实验、实训、实习课题的实测报告。验收合格后,将上述材料归档,项目整体移交实训处管理。

第三节 校外实训基地的建设与管理

一、校外实训基地的概念

校外实训基地主要承担高等职业教育岗位实务训练,通过开展产学合作,建立相对稳定的能够反映岗位、职业、行业发展方向和水平的实训基地。

关于校外实训基地的概念有两种说法。

第一种是从地理位置来说。不论投资主体是谁,凡是建立在学校校园内的用于学生技能训练的实训基地,都是属于校内实训基地。相反,凡是建立在校园外面的实训基地都属于校外实训基地。

第二种是从实训基地的所有权的归属为依据划分。凡是高职院校投资建立的实训基地或是高职院校投资占主体的实训基地无论是否建立在校园内都属于校内实训基地。在这种观点下,即使是建立在校园内部的实训基地,只要是通过引进社会资本兴建,而且学校的投资股份不占主体,都属于校外实训基地。

基于第一种观点更直接、易理解,因此大多数人更认可第一种概念,即校外实训基地是指建立在学校校园以外的实训基地,并以生产性为主,仿真模拟等非生产性基地较少[①]。

二、校外实训基地对高职院校的意义

校外实训基地是高职院校实训系统的重要组成部分,是高职学生与职业技术岗位零距离接触、巩固理论知识、训练职业技能、全面提高综合素质的实践性学习与训练平台。基地除了作为实训教学、职业素质训导、职业技能训练与鉴定等平台外,还是开展教学改革、科学研究就业指导、服务社会等工作的多功能场所。

(一)弥补校内实训基地的不足,提供真实或仿真的实训场景

校外实训基地是对校内实训基地设备、场所和功能缺陷的有效补充,能有效解决学校实训基地建设所需经费和空间不足的矛盾。由于校外实训基地的运行通常由企业技术骨干作为兼职教师共同参与,并能指导学生的理论与技能学习,也能减轻校内实训教学安排上的压力。更为重要的是,由于学生在校外实训基地接受的是一种直接在生产第一线和实际工作现场的培训,所以十分有利于他们掌握岗位技能、提高实践能力、了解岗位的社会属性。

---

①鲍玮.高职教育实践教学体系的建设探索[M].天津:天津科学技术出版社,2017:
36-41.

(二)提高学生就业竞争力,缩短工作适应期

现在,用人单位对毕业生的实践动手能力和工作经验要求越来越高。学生通过在生产、建设、管理、服务第一线的校外实训基地的工学交替、顶岗实习,可以接受现代企业氛围的熏陶,熟悉相关行业先进的设备、技术路线和生产工艺,尽快掌握相应岗位所需的基本技能与专业技术,取得实际工作经验,巩固、综合、强化实践能力,并能培养现代化生产和科技发展倡导的团队协作精神、群体沟通技巧和组织协调能力等综合素质。同时,校外实训基地所在单位的一系列规章制度及员工日常行为规范,也可以为学生提供形成综合实践能力、职业素质、职业道德、职业意识的实践氛围。总之,在真实的工作环境中,按照规范的职业标准开展项目实训,能提高学生的就业竞争力,缩短他们的工作适应期。

(三)促进学校教育教学改革,提高整体办学实力

校外实训基地为高职院校工学交替准备了条件。另外,通过校外实训基地的建设和运行,学校可以及时了解社会对人才培养的要求,发现学校师资培养、专业设置、课程目标与内容、教学计划与方式等方面存在的不足,从而有针对性地开展教育教学改革,提高人才培养质量和整体办学实力。如通过选派教师到基地企业挂职锻炼和聘任企业技术骨干担任兼职教师的互动方式提高学校的师资水平;聘请企业专家参与调整专业设置、调整教学计划、开发工学结合课程和编写校本教材等工作。

(四)增强社会服务能力,扩大学校的影响力和辐射力

高职教育的生命力在于贴近人才市场需求,服务当地经济社会发展。学校将校外实训基地建设、技能型紧缺人才培养、农村劳动力转移培训和科技服务等工作有机结合起来,就能充分发挥校外实训基地的系统功能和作用,提高科技服务能力,为区域经济和社会发展服务。校外实训基地还能为学校教师开展科学研究和科技推广创造有利条件。教师把先进的生产技术、新品种、新工艺等科研成果,通过校外实训基地在地方推广和应用,为地方经济发展提供技术支撑,增强了社会服务能力,能产生良好的经济效益和社会效益,又能扩大学校的影响力和辐射力。

三、校外实训基地的运行与管理

(一)政府投资建设的共享型公共实训基地的运行与管理

区域共享型实训基地是指在某一区域内建立开放、共享、合作型综合实训基地。它建立在区域经济基础上,并服务于区域经济。共享型实训基地的实质,是在确保学校教学的前提下,面向区域内向社会全方位开放,最大限度地实现资源共享,成为服务社会的窗口、校企合作的载体和产学结合的平台。共享性与开放性是其两大本质属性。

1. 区域共享型实训基地建设的现状及存在的问题

各级政府、教育机构在探索实训基地建设方面已经取得了一定的成果。最著名的是上海市建造的市职业培训公共实训中心。该实训中心通过政府集中投资,建立一个面向社会培训机构免费开放、无偿使用、功能齐全、技术先进的公共实训基地,避免资源浪费,实现培训资源共享。

但在区域共享型实训基地建设过程中,还存在着如下一些问题。

第一,本位思想严重。许多高职院校实训基地建设不是以学生职业技术能力的形成为基础,而基本是满足课程教学,根据所授课程来建设实训基地,无法体现共享型实训基地的功能和特点。

第二,资金不足。共享型实训基地建设前期投入很大,尤其像机械类工科。从目前看,缺少资金投入是各高职院校共享实训基地建设存在的最大难题。

第三,专业设置与区域经济结构之间的吻合度不高。职业教育为区域经济服务能力的强弱,取决于职业教育及实训基地专业设置与区域经济结构之间的吻合度,即吻合的现实性与超前性。

第四,资金投入方式单一,校企合作不充分。发挥行业在职业教育发展中的引领作用,是发达国家发展职业教育的普遍做法。但在我国,企业本位的发展模式"先天不足,后天营养不良",这就决定了我国在今后相当长一段时间内,学校本位的职业教育仍将占据主导地位,政府财政经费投入仍为主要渠道。实训基地缺乏社会开放性,不能完全满足社会的需要。根据区域经济的需要,职业学校既要发展学校形态的职业教育,又要发展职业技术培训,两者并举,协调发展。这就要求实训基地要对社会开放,开展与经济发展相对应的失业人员、就业人员、新生劳动力、农民工培训以及高技能紧缺人才培训等职业培训项目。

2.区域共享型实训基地建设和运行对策

第一,理顺管理体制,统筹安排专业规划。这是建设区域共享型实训基地的首要问题。在政府主管领导的主持下,教育行政部门牵头,由财政部门、劳动部门、责任学校、行业企业等相关负责人组成筹备小组,由职业教育专家组成专家组进行专业论证,在此基础上确定区域共享型实训基地的专业建设方向。在运行过程中,教育行政主管部门统一规划和指导,大力提倡区域内各个职业学校以区域共享型实训基地为轴心进行整合,开展多领域、多层次、多形式的横向联合与协作,通过校际联盟、校企合作共同建设,并向其他学校、农村劳动力培训、企业职工培训全面开放。

第二,健全投入机制,保障经费来源。要坚持以政府投入为主,完善政府、企业、社会分担实训基地建设成本和培训成本的保障机制。一是加大公共财政的投入。经费投入应由政府统一安排,统筹拨款渠道,做出经费投入的具体规划,加大公共财政投入,解决实训基地建设经费投入不足的问题。二是改变单一由政府投资的办学格局,注重制度创新,盘活资源存量,建立和完善社会参与机制,发挥社会力量办学的作用,为社会各方投资办学提供有效的政策支持和畅通的渠道保证。三是激发企业办学的积极性,保障健康发展。

第三,以学生为主体开展实训教学。实训教学必须依赖现有学校的软硬件设备和师资队伍。根据学生所学专业与将来从事岗位的性质,明确学生需要掌握哪些职业核心能力,在目标明确的前提下,让学生进入相应实训室接受技能训练。可采取两种模式。第一种,一体化实训场所建设模式。包括实训区、讨论区与教学区。实训区配备实训装备,学生在该区域完成工作任务;教学区配备桌椅和其他教学设备,引领学生学习专业知识、了解工作任务等;讨论区让学生讨论完成工作任务时出现的问题,与同学、老师交流,找出解决问题的方案。第二种,在一体化实训场所外,建设生产性顶岗实训区,为学生提供完全真实的实训环境,促使学生在走上就业岗位前做好充分准备。

第四,以现代企业管理制度为模型,采用企业化运行机制。一是采用股份制管理模式。实训基地借鉴现代企业管理模式,实行董事会领导下的校长负责制,董事会为管理决策机构,依法行使决策权;校长按职业教育规律、市场运作规律依法行使实训基地的教育、生产和管理权;实训基地下辖教学部、生产部和行政部,建立对接产业、服务产业、工学结合的人才培养新机制。二是教学部及教学管理部门、各职能部门、教学质量监控中心、各行政部门等,下设各专业教学工作室,按职业学校的教学规律运行;公司以及职能部门,遵循市场规律,按企业方式运作,建立基于校企合作、产学结合、工学结合条件下"学校+企业"两种运作模式紧密结合的新型管理体制与机制。三是在董事会领导下,将人才培养体系和企业产业生产体系融为一体,逐步形成"前店后厂"、工学结合的人才培养体系。按照两个机构、一套班子的运作模式,实现校企合作体制与机制一体化的紧密结合。四是实训基地遵循市场经济运行规律,充分利用实训资源,在完成教学任务的同时完成企业生产任务。

共享性实训基地每年设立专项教师培训基金,鼓励教师参加各种进修、技能培训、校企合作研究和下企业锻炼;设立专用项目经费,用于鼓励教师参加实训室或企业科研开发、项目建设,为企业提供技术服务。

(二)校企合作型实训基地的管理

1.校企合作实践教学管理机制存在的问题

目前,虽然校企合作实践教学管理在我国各个高校中摸索出了一些成果,然而随着高校教学环境的快速完善、教学水平的快速提升、教育事业的快速发展以及高校规模的不断扩大,校企合作实践教学的管理难度也在不断增加。实训消耗材料量多价高,实践教学基地的建设资金投入量大,无法仅仅依靠政府的投资来完成。

校企合作对于促进校内实践教学基地建设、改善学院的办学条件体现出了重要的作用,并且借助学院的人员、设备与技术优势,可以增强校内实践教学基地自身的功能优势,也可以为企业创造良好的经济效益、提供多种形式的服务。校企合作实践教学环节的管理,尚存在如下几个方面的问题。

(1)校企合作实践教学管理中的评价不合理

在校企合作实践教学环节的管理中,合理评价体系缺乏,因此导致教师无法对教学过程中学生的实践能力进行科学合理的评价,这不利于实践教学中的管理。校企合作实践教学过程中采用的教学方式也因专业不同而存在差异,并且实践教学的形式、内容也多种多样。对于实践,学生完成的效果不好估量,但是通常都能按照要求在规定的时间内完成。在这个过程中,教师要根据实践教学给学生一个合理的评价成绩也是一件困难的事情,因为教师难以准确把握学生的实践到底是简单重复其他同学的实践结果,还是通过自己的思考后完成的。因此,对于实践教学的成绩来说,大多是教师按照等级来评定的,无法像别的课堂教学那样给出学生标准化成绩。

(2)企业合作实践教学管理的观念滞后

在实践教学环节的管理中,教师忽略了管理的意义,而只重视对相关事务的管理,管理观念滞后,没有正确认识到实践教学环节管理的重要性。目前,某些教师对实践教学基地的建设有诸多挑剔,并没有认识到校企合作共建的实践教学基地的必要性和重要性,这些主要都是因为受到传统学科教育的影响。从目前来看,许多教师不注重实践水平,反而将精力集中在所谓的科研上,然而大多数都是为谋经费而搞课题,为评职称而写文章,研究出来的许多成果不具有原创性,同时也不具备应用价值,造成科研与教学相互对立,没有将研究建立在理解实践与把握前沿的基础上。某些高校轻视实践性教学、重视理论性教学,轻视教学、重视科研,从而使得教师在实践教学方面积极性较低。

(3)实践教学管理中的职责不明确

在校企合作实践教学环节的管理中,管理局面混乱,各个教学部门自身的职责不明确。某些用人单位对校企合作实践教学存在一些担心和误解。比如:要为学生承担什么风险?作为学校的实训基地可能需要承担多大的责任?当然,校企合作后,用人单位在某些方面是无利可图的,也存在一定的义务与责任。比如企业要对专业的发展和建设提供指导性意见,或是无偿指导学生实习,为学校提供学生实习场所等。然而,从另一方面来说,企业可以得到学校专业相关方面的技术开发研究和科研咨询等方面的合作,或是为企业储备一些实用型人才。因为实践教学是学校和企业共同建立的,所以这两者之间在管理的过程中不应该出现谁是下属、谁是领导的问题,学校和企业处于同样的地位。因此,让企业真正明白自己的义务和权利,做好企业和学校之间的沟通工作,才是校企合作实践教学的关键所在。

2.校企合作实践教学的管理探索

在校企合作实践教学的过程中,需做好观念的转变,找准高校和用人单位相互之间持续合作的激励点与利益平衡点,抓好运行机制与管理体制,始终抱着提升学院内涵、提高人才培养质量、搞好服务的诚信态度,始终抱着企业和学院共发展的思想。所以,高校在校企合作实践教学的管理机制方面做了如下的研究。

(1)加强实践教学的运行管理

高校可以邀请领导和学者,政府主管部门、行业协会、企业(尤其是各专业挂牌校外实习基地企业)等的专家共同组成专业管理委员会,对校企合作实践教学的运行进行有效管理,高校向专业管理委员会的每位专家发聘请证书。建立了专业管理委员会之后,每两年换届一次,每年召开一至二次会议,将其作为用人单位和高校共同合作实践教学的纽带,由委员们对教学内容与课程设置的安排等提出建议,指导学校的教学工作、教学计划等,同时提供相应的咨询,为专业建设出谋划策,让学生更符合用人单位与社会的要求。借助校企合作的优势,加强实践教学和专业教师的紧密联系,多安排教师到企业实习,教师在用人单位的磨炼会帮助自己向学生更好地传授生产第一线的新方法、新工艺与新技术,会帮助学生更好地开展实践教学工作,为后期的教学工作奠定良好的基础。高校还需要对实践教学成果良好的专业、系部提供相应的奖励,认真推广与总结他们的经验与做法,并加以实施推广。此外,还需从制度上对各个专业开展的实践教学做出严格的规定,这些都可以帮助开展实践教学。

（2）合理构建实践教学考核评价体系

因为实践是创新的基础,高等院校应着力提高大学生的创新能力、实践能力与学习能力,注重能力培养,坚持协调发展素质、能力、知识,着眼于人的全面发展与国家发展需要。首先,从学生心智发展实际出发因材施教,有针对性地制定相关培养计划和措施,加快建立新体制下学生能力成长的保障机制,加大对学生实践与科研活动的支持力度,鼓励学生在不影响自身学业的情况下自主创业。要树立师生平等、人人平等的意识。其次,鼓励教师改革与摸索教学方法与内容,并在课堂教学中多应用信息技术、多媒体技术、案例教学、外语等。因为每个人的听课形式、时间,对该学科知识的了解程度以及观点、立场不同,因此得到的加权结果就无法体现各自的真实水平,不具有合理性。所以管理部门只需做好例外评估,即投诉检查与监控性抽查等,而让学生做好最重要的实践教学的常规评估。投诉检查重在维护双方权益、澄清事实,在收到相应投诉申请时才进行检查,旨在解决教学中存在的问题。

（三）松散型实训基地的管理

1.松散型实训基地的特点

由于企业承受能力有限,不可能在短时间内解决众多的实习生集中实训,因此职业院校要考虑采取松散型的实训方法。

（1）减轻企业负担

许多企业承认有培养人的社会责任,而且企业高中层管理人员几乎都受过高等教育,也亲身经历过毕业前的实训全过程,但企业为了生存,必须面对市场的激烈竞争,搞好经营管理工作,争取更大的经济效益。有的企业高层领导表示愿意接受实习学生,认为这是企业的社会责任,但在实训过程中,一些部门管理人员担心影响工作,企业行政和后勤部门要研究和负责学生的吃住行等诸多问题,业务和生产部门要研究对学生的培训,尤其在业务紧张的情况下,可能会影响或降低实训的标准及目的,同时给企业正常工作带来额外负担。建立松散型实训基地可以由学生承担一些费用,在企业需要的时间和岗位对学生进行实训,在不影响企业正常运营的前提下使学生得到锻炼。

（2）减轻学生负担

在校企合作集中实训时，可能与学生的专业、环境、兴趣、岗位和时间等发生冲突，尤其在毕业前夕有的学生要考研、出国深造、写毕业论文和找工作等，校企合作在毕业前进行实训可能会增加学生负担。建立松散型实训基地，可以利用寒暑假期和学生的业余时间在企业进行实训，提高实训效果，达到实训的标准和要求。根据企业特点和学生兴趣，在条件允许的情况下，学生在学校期间可以选择多个松散型实训基地，通过有意义和有目的的社会实践活动，可以使学生积累更多的社会工作经验，对以后的工作和发展是十分有益的。

（3）更加有利于教学和科研

校企合作集中实训一般在毕业前进行，然后大部分学生开始紧张地找工作就业，没有充足的时间在课堂上进行实训交流和互相学习，直接踏入社会，学校没有时间在实训后及时进行总结和教育，使学生很难适应社会。松散型实训基地针对实训中存在的各种问题，在教学过程中进行辅导和教育、案例分析或讨论，解决学生在实训过程中存在的各种思想问题，把企业有益的经验和学生在实训中不理解的事情，以及搞不清楚的业务流程和生产工艺，在课堂和实验室教学过程中积极引导，及时总结和充分讨论，提高思想认识和理论知识水平，对学生今后就业、工作和岗位再学习会有一定的帮助。

2.松散型实训基地的优势

（1）发挥学生的资源优势

高职院校要根据理论课程的教学进度和安排，对学生讲解实训的意义和要求，发挥学生的主观能动性，利用学生家庭和社会的各种实训资源，建立松散型实训基地，积极参与，及早准备。珠三角地区和长三角地区外资企业和民营企业较多，利用学生自身资源优势可以建立多个松散型实训基地。

（2）发挥周边企业资源优势

高职院校对学生的培养始终以就业为导向，最终实现学生职业素养与企业岗位零距离。由于一些高职院校没有充分重视学生培养的实训环节,没能建立高效、实用的实训基地,造成毕业生理论性强而实践动手能力差,学生的职业综合素养没有达到企业要求,使学生直接就业遇到障碍和麻烦。高职院校周边有一些制造业、商业和物流业等企业,这些企业有时需要一定的员工,学生可以按照企业规定的时间和岗位进行实训;高职院校应与这些企业协商建立松散型实训基地,学生在实训过程中,按照企业的要求最大限度地提高自己的职业素养,满足企业用人的要求。当高职院校与企业建立长期松散型实训基地后,在条件成熟时,可以由松散型实训基地转变为合作型企业实训基地。

(3)发挥历届毕业生的优势

高职院校每年有大量学生毕业,在社会不同岗位上就业,这是高职院校的巨大财富。虽然这些毕业生在短时间内难以在工作岗位上取得惊人的成绩,为高职院校建立实训基地做出贡献,但随着时间的推移和毕业生不断成长,高职院校通过历届毕业生建立松散型实训基地是完全可能的,关键是高职院校要与众多的毕业生保持长久的联系。

(4)发挥教师的资源优势

虽然高职院校教师有繁重的教学任务,但是各种类型实训基地的建立,是每个高职院校教师不可推卸的责任。一方面教师要调动学生的积极性,大力宣传实训的意义和作用,利用学生的社会资源建立多个松散型实训基地;另一方面教师通过接触社会寻找更多的松散型实训基地的信息。例如外出开会学习、走访企业和联系历届毕业生等,争取建立多个松散型实训基地,同时主管部门也要给予该项工作大力支持,特别是在时间和资金上给予保证。

3.松散型实训基地建设管理的对策

高职院校各种实训基地建设涉及不同行业。由于区域经济发展不平衡、各区域行业发展规模不相同,合作型实训基地需要的岗位和人员数量也不尽相同,有的企业不愿意也没有能力在同一时间内接受大批实习生。松散型实训根据学生的资源优势,选择个人喜欢的行业、岗位和实训时间,不影响企业的正常工作。

（1）加强指导

职业院校建立松散型实训基地，要有组织领导和统一安排，要调动各方面的积极性，走向社会寻找和建立符合教学要求的松散型实训基地，使理论与实践相结合。对已经建立的松散型实训基地要归类、总结和提高。在实训时，高职院校要加强对学生的指导，按照企业的文化、规章制度和行业标准对学生进行实训、管理和考核。同时，松散型实训基地要把自己的文化、生产流程、经营管理特色融合到学校教学过程中，使培养出的学生更贴近市场需求。

（2）建立畅通机制

松散型与合作型实训基地，在实训人数、时间和管理模式上都有所区别，甚至有些松散型实训基地与高职院校根本没有接触，是由学生通过自己的渠道建立起来的。但是，无论由何种渠道和方式建立起来的松散型实训基地，只要有本院校的学生在实训，都要设法与该企业经常沟通，建立畅通联系机制，了解学生的实训情况，了解企业对学生的要求以及对学校教学和课程安排的建议。通过建立畅通机制，确保松散型实训基地正常运转，为以后实训打下基础。

（3）加强协调和转换

高职院校实训基地建设可以合作型为主，松散型为辅，在狠抓合作型实训基地的基础上，加强松散型实训基地的建设。要调动学校、企业、教师、学生和学生家长们的积极性，不断建立更多的松散型实训基地。既要稳定合作型实训基地，也要重视松散型实训基地的建立，这是一项长期复杂的工作，要加强合作型与松散型实训基地的协调与转换。注重当条件成熟时，由松散型向合作型实训基地的正向转化；同时还要注意因为各种原因导致合作型实训基地失败后，要利用各种关系和渠道，由合作型向松散型实训基地逆向转化，不要放弃对各种形式实训基地的建立，要使学生有更多的实训基地进行实习。

第四章　基于"制作习得"教法的创客教育研究

第一节　创客教育的内涵与特征

一、创客教育的内涵

(一)创客产生的背景介绍

关于"创客"的概念,相信大多数人的脑海中都不太具备直观而清晰的印象。作为一种全新的事物,不论是在国内还是在国外,人们对于创客都还处于"犹抱琵琶半遮面"的新奇和探索阶段。想要把创客的内涵完美地加以诠释,其实并不是一项简单而轻松的工作。为了方便社会各界人士有效地了解创客、接受创客乃至融入创客,下面我们将尝试着从最原始的历史背景着手,一步步抽丝剥茧,详细而通俗地介绍创客的完整含义。

首先,需要了解创客产生的深刻历史背景。伴随着生产力的不断发展与进步,人类历史上共发生了四次意义深远的工业革命,每一次工业革命都为我们的社会生活带来颠覆式的变革,并开启一个全新的文明时代。

第一,工业1.0时代。18世纪60年代发源于英国的第一次工业革命,以蒸汽机作为动力广泛应用为标志,机器生产取代了手工生产的方式,促进了生产的迅猛发展,人类由此进入蒸汽时代。

第二,工业2.0时代。19世纪70年代开启的第二次工业革命,以电力和内燃机的广泛应用作为标志,生产效率进一步提升,社会分工进一步细化,进入到大规模工业化生产的电气化时代。

第三，工业3.0时代。20世纪40年代后开启的第三次工业革命，以电子计算机、原子能、空间及生物技术为标志，带来了一场技术革命，生产力极大解放，开始出现产能过剩，人类由此进入自动化时代。

第四，工业4.0时代。21世纪初至今，第四次工业革命正在深入进行。对于这一次技术革命的界定，各国尚未统一，德国称之为"工业4.0"、中国称之为"两化融合"、美国称之为"工业互联网时代"。但是，以智能化生产、智能化产品为代表的人工智能时代，正在不可逆地改变着我们的生产和生活。

通过对四次工业革命时间节点的观察不难发现：第一、第二次工业革命，中国处于清朝中后期，专制主义中央集权使得那一时期的中国全面滞后于时代的发展步伐；而以英、法、美、德、日等国为代表的国家，敏锐地抓住发展机遇一跃成为世界及区域强国，改变了世界的政治经济格局。第三次工业革命发源于20世纪40年代，中国此时正处于政权及社会激烈变革的关口，新生的人民政府面对一个拥有4.5亿人口、百废待兴的国家，还有很长的治理之路需要去探索。

如今，经过改革开放40年的积累，中国的现代化建设已经取得了令人瞩目的成就。如今，作为当之无愧的世界第一工业强国和世界第二互联网强国，我们不仅有机会参与到第四次工业革命的发展过程中，而且有实力主导第四次工业革命的游戏规则和全球布局。放眼全球，粗放低效的旧式增长模式已经不再适应当今的实际，未来中国经济发展必然需要依靠智能化时代的科技创新。经济基础决定上层建筑，经济领域的变革必然引发社会文化社会生活的多领域变革。2014年9月，国务院总理李克强在夏季达沃斯论坛上发出"大众创业，万众创新"的号召，并于2015年1月探访了深圳柴火创客空间。于是，"创客"这样一个全新概念正式进入人们的视野。

（二）创客及创客教育的含义

"创客"一词来源于英文中的"Maker"或"Hacker"，可以从广义和狭义两个方面去理解。狭义指那些酷爱科技、热衷实践、乐于分享、努力将创意转化为现实的人。广义指有创意并能够付诸实践进行创新的人，创新之人皆可称之为"创客"。

公众使用的软件,这种对软件的使用、修改和发行不受许可证的限制。因此,创客的创新是使用了已有的创新的,只是达成了自己独特的产品创造。而3D打印则代替了传统意义的实验制造工厂,使数字设计体现的创意变为成品即产品。所以,一是这种创客的创新既可以是个人性的,也可以是团队性的。二是实践,也就是自己动手做。创客的共同口号是DIY,即英文Do It Yourself的缩写。DIY的理念是源于自己、超越自己、体现自己个性最好的一面,也就是达到自我实现的最高境界。三是分享。创客是个性化的活动和行为,但体现了具有普遍性的分享,因为创客使用数字工具,在屏幕上设计更多地使用信息技术,通过网络与其他创客分享成果。这种分享性对传统意义的"知识产权"和"技术保密"形成对比和挑战。分享更容易从已有创新走向新的创新,更容易突破现有水平,走向更好、更高、更快、更节省,因为分享带来思维、创造力的碰撞、激荡,带来开放的创新空间和环境,形成良好的创新生态文化,所以,创客的本质特点之一是分享,这也是创客迅速扩大并形成一种运动的重要原因。

创客迅速成为一种运动。《创客:新工业革命》一书作者克里斯·安德森指出:"创客运动是让数字世界真正颠覆实体世界的助推器。是一种具有划时代意义的新浪潮,将实现全民创造,推动新工业革命。"在安德森看来,每一个时代都要产生一代"新人",而新工业革命的"新人"就是"创客",创客既是新工业革命的创造者,又是新工业革命的产物。创客一旦产生,就迅速扩展、流行。2005年1月,被称为"创客运动圣经"的《创造杂志》(Make Magazine)创办之后,美国3个主要城市举办年度集会——创客嘉年华大会,参与人数50000—125000人;创客运动的蓬勃发展,使人们相信它能再造美国、重塑世界。2011年,将近100万卖家在网站平台上销售自己的产品,销售额超过了5亿美元。每年有10万人聚集到圣马特奥的创客博览会分享成果。全球有数十个类似的创客博览会。鉴于"创客运动"的影响,奥巴马政府在2012年年初开展了一个新项目,将在未来四年内在1000所美国学校引入"创客空间",配备3D打印机和激光切割机等数字制造工具。2014年6月18日,美国政府举办了首届白宫制汇节,奥巴马宣布每年6月18日为"国家创客日"。2015年6月12日至18日,美国政府举行"国家创客周",推动创客运动的深入发展。毫无疑问,创客在美国已经成为一种大有希望和愿景的运动。

而这一点也早为我国政府敏锐地看到并及时推动。2015年1月4日,李克强总理考察深圳柴火创客空间;2015年1月28日,李克强在国务院常务会议上,研究确定支持发展众创空间的政府措施;2015年3月5日,"创客"一词首次进入政府工作报告。2015年6月19日,第四届深圳制汇节举行,深圳正在成为全球瞩目的创客经济的兴盛场所。2015年10月19日至23日,首届"全国大众创业万众创新活动周"举行。由此,我们可以清楚地看出,创客运动在我国正在蓬勃兴起,成为推动我国产业结构转型升级的重要动力。

截至目前,全球已经建立超过1400个创客空间(中心)。创客空间(中心)建立的意义,就是在于为广大热爱创新与创造的人们提供一个实践的机会和舞台,培养广大人民群众的创新意识,培育万众创新的社会土壤,进而为我国的科技创新发展战略和产业升级打下良好的社会基础。想要扩大并普及创新思维和创新意识,最高效并且最符合实际的形式就是教育。从基础教育甚至是启蒙教育阶段开始,帮助学生提高思维能力和实践能力,将创新的意识根植于一代又一代学生脑中。长此以往,有助于整个社会的创新氛围形成。因而,常州市创客中心将大量工作放在了对于创客教育的探究和实践上,希望借此为今后的创客推广和实践工作贡献更大的力量。

下面进入此次阐述工作的重点,为了方便理解,将从是什么(WHAT)、为什么(WHY)、怎样做(HOW)这三个维度来全面揭示创客教育的内涵。

WHAT:创客教育是一种强调创新和实践的素质教育。将教育与创客文化结合,基于学生兴趣,采用项目学习的方式,使用数字化工具;倡导造物,鼓励分享,培养学生跨学科解决问题、团队协作和创新能力。

第一,创客教育区别于传统应试教育,弥补了中国传统应试教育中知识结构割裂、实践能力差、创造力缺乏的弊端,强调素质教育,强调创新和实践。

第二,项目学习。要求设计一个项目让学生模拟、体会工程师和项目经理面对某项需求,综合已有知识,自学、请教交流、团队协作,最后完成项目的过程。

第三,数字化工具。紧贴当今信息化潮流,倡导学生运用编程语言、数控机床、开源电子、3D打印机等数字化工具设备进行创新和创造。

第四,鼓励分享和协作。避免传统应试教育现象。提供开放式的环境,养成学生的团队协作能力,鼓励学生在分享中学习。

第五,跨学科。创客教育不是一门单一的学科,而是需要综合科学、技术、数学、工程学、艺术等领域的知识,促进理性思维、创造性思维与人文精神的全面、综合发展。

WHY:从微观上讲,创客教育有利于学生的综合发展,树立全面学习的能力和创新实践精神;从宏观上讲,创客教育顺应了当今社会的发展需要,为社会输送大量高素质创新型人才,有利于我国在第四次技术革命背景下抢占制高点,获得长期发展动力

HOW:创客教育的有效运行,需要以下几个方面的支持。

第一,完善的课程体系建设:需要将教学理论和实践相结合,开发出适用于不同年龄阶段学生的课程体系。第二,数字化学习媒介和装备:创客教育的实施,需要一定的教学数字化装备作为支撑。第三,创客特色的机制和活动:建立规范化和规律性的创客赛会和活动,定期举办,塑造创客文化氛围。第四,跨学科学习的有效平台:建立专业的学科、技术支持团队,提供跨学科培训和项目具体指导。

创客教育与创新教育、创业教育有联系但又不同。创客教育是个体化个性化的教育,因人而异;创新教育、创业教育可以是集体教育,在其中采取因材施教。创客教育更广泛、更大众化;创新教育则要求更高。创客教育中有创新,但也强调已有创新的开源分享;而创新教育更强调尊重创新的独特性和对知识产权的保护。创客教育中有创业,但最初的创客不一定指向创业,而是处于一种"玩"的状态,一旦有创客收获成果,

可以进一步走向创业。而创业教育则以指导学生学会创业、能够创业为目标。所以,创客教育吸收了创新教育、创业教育的成分,但又不完全与之相同。

创客教育的兴起意义重大,是教育发展史上的又一次革命。因为创客教育运用现代信息技术,使从个体性教育转变而来的集体性教育又回到了个体性教育。这不是简单地回到了原点,而是经历了一个螺旋上升的飞跃,是一种历史性的进步。"互联网+教育"使创客教育有了坚实的技术基础,使个人在任何时间、地点接受任何形式和内容的教育成为可能。①

二、创客教育的特征

(一)学科整合勇于实践

创客的"创"在创意,同时也在创造学习者在创造中体验生活。在创客教育中学习的重心不再是课本、辅导书,不再是那些书面上的知识,而是通过动手实践去思考、探索学习。另外,教室也不再是学生唯一的学习场所,教师也从"教师"变成了"教练"。教师不再简单地传授书本上的知识,教师变成学习情境的设计者或引导者,变成人员的调配者或管理者,变成学生学习过程的控制者与学生实践质量的提升者。通过实践与创造,教师能够发现学生的个性、特长和能力因材施教,充分发挥学生的优势,这样有助于学生的个性发展。在创客教育情境下,学校和教师提供物理环境,学生发挥各自的创意满足各自的需求,创造出新产品。在创造产品的过程中,学生可能会运用不同学科的知识,需要从不同学科的角度去思考、分析问题。例如学生做出了一架飞机模型,那他就学会了相关的数学和物理知识。因此,创客教育相比于传统教育更注重实践与整合。

(二)开放创造,热衷分享

创客教育本身具有开放性,包括对创造环境的开放、创造资源的开

①詹青龙,杨晶晶,曲萌.高校创客教育的智慧化发展研究[M].北京:北京交通大学出版社,2019:115-121.

放、创造者思维的开放。创客是一群有共同兴趣爱好的人,他们依托网络建立交流平台,线上线下及时交流分享设计成果。任何机构和个人都可以在他人已有的基础上深入探究,这有利于快速且低成本地延续知识、参与创造。

(三)秉承专业,服务社会

创客教育的专业化特征主要体现在两个方面:一方面体现在教师的专业化素养上。教师教学的重点不再是简单地传授给学生知识和原理,而是在于激发学生创造的兴趣,挖掘学生的创造潜能。另一方面体现在教育目标、教育资源与教学途径的专业化上。在创客教育中,创造性学习是最基本的学习方式,重视学习工具与资源的利用共享成为创客教育的一种教育模式,这需要专业的设计和支持。

(四)本质特征

第一,创客教育是独立性与分享性的统一。独立性使意欲成为创客的学生能够借用现代信息技术进行独立自主的学习,接受适合自己需要的教育,在教育内容选择、进程进度、学习方式风格等方面,都表现出独特性,与众不同,这种独立性最容易激发创客的创造性。而分享性则是指作为独立学习者之间并不是相互隔绝、封闭、互不来往的,相反,他们相互交流来往,分享各自的学习成果、体会和经验,这种分享通常是跨学科领域、地域之界的,是借助互联网技术,使远隔万里的交流变得近在眼前、感同身受。所以,独立性与分享性的统一是创客教育的一大特征。

第二,微型性与国际性的统一。微型性是指学习者借助现代信息技术进行独立自主的学习,这种学习在组织上是微型的(相比于班集体上课学习而言)。此外,在学习内容和学习形式的选择上也是微型的,可能是解决一个疑难问题、解释一个模糊概念、论证一个不明公式等,知识的容量是微型的,并不是系统的体系化的知识。因此微型性是一个重要方面。但是,微型性并不是使学习支离破碎,脱离科学技术发展和文化演进的大潮,相反,借助互联网技术,每一个微型性的教育教学都与域内、域外的任何教育教学建立起联系,相互沟通交流,使教育教学超越时间、空间的局限，真正成为一种国际性的活动。每一个微型的教育教学可以被视为一个"网点"，而各"网点"的有效链接则构成了国际性的教育教学大网。所以，创客教育是由点到面、由微小到无限大、由区域到国际的大教育，是世界性、全球性的教育。

第三，技术性与人文性的统一。创客教育以现代信息技术为支撑，许多学校所建立的各种创客空间都是技术性很强的创客空间，例如机器人创客空间等，因此，技术是创客教育赖以支撑的骨架。但是，创客教育也是富有人性的教育，表现出很强的人文性。正如《互联网周刊》主编姜奇平所深刻指出的："创客运动产生的是一代新人类，'DIY'开启了自主劳动的先声。"人类第一次摆脱了对生产资料系统（重资产）的依赖，仅仅凭着自己的头脑这个轻资产，就可以把创意高效能地变为现实。这是人性上的一个突破，它重新定义了"自由"这个词的含义。在工业时代，自由要靠两样个人无法具备的重资产："一是'自由依赖于税'，这是霍尔姆斯的观点；二是'自由依赖于资本'，这是弗里德曼的观点。"这种自由带来了人性的改变，使人与人从被"重资产"束缚中解放出来，开始了人与人之间建立在平等、博爱基础上的人文交往。所以，创客教育依靠现代信息技术，更依靠建立在现代科学技术与文化基础上的人文，表现出人文关怀、人文至爱，因为创客教育将是迄今最适合人性的教育。总之，技术性与人文性的统一是创客教育的一大特点。

三、创客教育发展与推进的问题与建议

创客教育作为一个新兴领域正吸引着大众的眼球，猛烈地冲击着传统的教育教学，同时创客教育也正在成为教育体系中积极应对教育挑战的关键部分。创客教育正在改变学生的思维和学习方式，也在影响教师的教育目的和教学方式，随之教学组织过程和教学评价体系也正在重构。创客教育提倡创造性学习、动手实践、开拓创新、协作分享。然而在我国，创客教育的发展与推进受到了阻碍。本研究从理念、经费、教师培训和教学评价四个方面进行阐述与分析，给出可行的建议。

（一）理念

在传统观念里，玩是小孩子的特权；而在现代社会小孩子玩被视为天性、人权。永远不要把学习放在玩的对立面。教育不是一味地教给学生"有用"的知识，而是应该培养学生终身受用的能力。换句话说，教育不是给学生"背不动的书包"，而是给其"带得走"的能力。

创客教育强调学习者在实践创造中学习，提倡融入创造情境和创造过程的学习方式。创客教育的理念是自主性学习，有别于传统教育所采用的管理型学习，赋予学生更多的自主选择权和分享权。在创客教育中，学生可以按照自己的兴趣选择学习内容，按照自己的方式动手探索、操作，按照自己的需求选择学习环境和学习伙伴。创客教育既与杜威的"做中学"有着密不可分的关联，同时又更强调在现代信息技术、媒体资源的情境下学生自主创造学习实践。创客教育既认同"做中学"理念下的探究体验学习方式，又重视学生自己的经验与生活，让学生生成有创意的学习产品，而产品可通过独立或协同创造建构。

绝大多数家长都望子成龙、望女成凤，但不能因此就在孩子身上施加各种压力，应该尊重孩子的兴趣爱好。由兴趣引发的学习动力比由功利的目标引发的动力更持久有力。父母更应该关注孩子的成长而不是只关注其成功。

（二）经费

创客空间为创客教育的实施与改革提供了场所，但创客空间的置办需要设备和工具的支持，尤其是3D打印机、镭射切割机等高科技产品。目前，仍有很多学校由于经费问题而建不起创客空间。对于这个问题，首先要考虑的是降低成本，可成立多校共享的创客中心。这样可以促进学校间多项目的互相合作，有助于教师和学生的跨校交流，更有利于学校之间学习资源的共享。在创建创客中心时，应因地制宜，对已有的资源最大化地利用，在经费宽裕的情况下可考虑相对昂贵的设备和产品。如果学校无法提供高科技的设备，教师可以设计活动的内容与工具，鼓励学生利用已有的资源创造产品，完成创客项目。

（三）教师培训

关于创客教育的讨论在学术界已兴起了一阵热潮，但对于一线教师而言仍是一个比较新的概念。虽然创客教育已经引起了许多教师的关注，但由于对新模式缺乏深层认知，同时也缺乏具体的指导，很多教师空有热情却找不到实践方法。应该让教师熟知并认同创客教育，教师培训就显得尤为重要了。教师培训可以帮助教师掌握创客教育的核心，了解创客教育的框架和实施方式。在创客教育中，教师的角色和任务发生了变化，他们从知识的传授者转变成为创客的导师，这需要对教师进行全面的培训。教师培训可以和创客中心试点相结合，创客中心试点不仅为学生提供了一个实践梦想的平台，同时也承载着教师培训的重任。这样，创客中心的资源就得到了最优化的利用，也为广大师生提供了一个学习和交流的场所。

（四）教学评价

众所周知，评价的方式影响甚至决定教学的目标、方法、过程等。在当今这个多元的社会，对人才的需求是多样化的，教育为社会发展输送人才，更应该培养不同的人才，这就需要进行多元的教学和多元的评价。

创客教育给予了每个学生自由的选择空间和个性的差异发展，是一种自由教育，也是一种个性教育。创客教育显然不适用单一的、传统的评价方式，传统的基于纸笔的测验很难测出在学习过程中学生对于创新问题的解决能力以及在团队中发挥的作用和贡献度。这就要求对学生的评价融入过程性评价、阶段性评价、差异性评价、发展性评价等，尊重学生的思维差异和个性发展。

教师和家长应注重对学生的回馈、修正、补充，对学生进行形成性评价，改变"一考定终身"的现状。评价要让学生充分发挥其所长，让其在各自擅长的专业、方向、领域，共同为社会的发展与建设出一份力。

第二节 创客教育的理论基础与构成要素

一、创客教育的理论基础

(一)协同理论

"协同理论"是20世纪70年代以来在多学科研究的基础上形成和发展起来的一门新兴学科,是系统科学的一个重要分支。

它的创始人是德国联邦斯图加特大学的教授和著名物理学家赫尔曼哈肯。1971年,他提出了协同效应的概念。1976年,他系统地讨论了协同理论。协同理论认为,虽然不同的系统具有不同的属性,但在整个环境中,不同的系统之间存在着相互作用和合作的关系。创客教育的开展涉及到许多方面,国家层面、学校层面、社会层面以及学生层面,创客教育开展要统筹各个层面,考虑到不同层面的具体影响因素。

(二)体验教育理论

所谓"体验",就是学习者通过实践来认识、了解新事物。"体验教育"是指学习者在自身实践过程中产生新的认识、厘清道理和发展自身认知结构的一种教育模式。体验教育不仅注重学习者在项目体验中对整个项目形式与过程的直接式参与,还注重学习者在实践操作中内心的体验及主观能动性的发挥。它的核心是要求学习者用"心"去感知,并引导他们自身在体验中把教育的具体化要求转变为自身品质,转化成外显性行为。[①]

创客教育主要是通过让学生体验、深度参与到实践过程中,将自己的创意通过实践转变为现实,让学生在做中学习领会新知识,并不断产生新的创意。在整个过程中坚持以"学生为中心"的原则,突出学生主体性意识,并积极发挥学生的主观能动性。体验教育思想作为指导性方法贯穿整个创客教育环节,是体验教育运用于实践的最好例证,也使得体验

---

①苑永波.创客教育教学与研究[M].哈尔滨:黑龙江人民出版社,2018:66-69.

教育内涵在实践中不断得到完善。

二、创客教育体系构成要素

(一)教育理念

创客教育核心就是将创新创意转化成现实中物质或精神产品,提供的教育内容是"基于创造的学习"或者"创造中的学习",实施方式以"项目学习的"方式,是创新教育的组成部分之一,通过培养创新意识、创造思维、创新能力,实现个性化创造。创客教育的理论基础是实用主义教学理念和构建主义学习理论,并以情境教学理论为理论基础。作为正在发展中的教育形式,自身理论体系的搭建极其关键,这关系着这种教育形式未来的发展。创客教育是创新人才培养和创新能力提升的重要途径。创客教育理念包括多个元素,在整个创新教育系统的理论搭建中,创客教育理论是基础性工作,其理论建设涉及多个方面,包括创客教育理论、创客教育体系、创客教育模式、教育的规模效益。华东师范大学的祝智庭教授认为创客教育的理念是多元素融合的教育理念,包括体验教育、基于项目学习、创新教育及DIY等。

1.强调体验式的教育理念

体验教育与创客教育在理念上高度一致。首先,理清哲学层面和心理学层面的体验含义,哲学是从主客体关系层面定义体验,而心理学是从与事物的关系中生成意义、产生情感的层面定义体验的。体验教育在理论层面可以追溯到美国实用主义教育学家杜威"做中学"的教育思想。他认为真正的知识单从课堂上是无法获取的,应从复杂的社会实践中获取。传统的班级授课制的课堂教育主要以填鸭式灌输方式执行教育过程,忽视个人的体验、情感、想象力等,强调理论灌输,对概念、定理的死记硬背的现象也常常有,传统教育重视智力因素的培养而忽视非智力因素的影响。建构主义教育方法,强调把教育放在情境之中,与现实世界有所联系,而现实教育现状是学科知识条块分明,孤立静止的学科理论常侧重于抽象记,而忽视与变幻莫测的现实建立联系。无论是陶行知先生"学中做"还是他的老师杜威提倡的"做中学"都是知行合一,融入多学科和不同知识技能,注重知识的应用和与现实世界的联系。创客教育主张通过创客项目发现问题、分析问题、解决问题并在过程中探索、协同、分享、试验、实验、修改,做到让劳心者劳力,让劳力者劳心,手脑并用。

2.基于项目学习的实施方式

用项目学习的方法实践创客教育。情境学习理念和体验教育贯穿项目学习方法始终。在项目设计阶段,将要学习的知识、技能及工具隐藏在项目中,在解决问题、完成项目过程中掌握知识技能,培养创客实践能力。创客项目设计特征:要与参与者自身所处生活环境发生切身关联;设计新颖可激发参与者热情,有兴趣为项目付出更多的时间、精力;要具备一定难度但要深入浅出,让参与者调动周边资源、与合作伙伴分工和协作共同完成项目;要让参与者有足够的时间规划设计、制作作品、实验修改;鼓励融合分享项目成果,从而获得更多提高。经历一段时间的项目学习成果可以转为现实成就,学习者获得的智力成果是知识内化和情感体验的总结果。

(二)教育师资

创客教育在教学形式上完全颠覆传统班级授课制,学习内容也有所不同,不再固化于冰冷的书本知识。教育的实施模式发生根本转变,相应学生和教育的角色也发生了根本变化。创客教育中教师主导作用被忽略,同时学生的主体地位得到充分尊重。将创客教育中教师可归为四类:一是学习情境的设计者。创客教育的实施方式是情景式的教学方式,教育要涉及与学习者生活相关的项目内容,指定任务内容,并将可能用到的辅助工具隐藏在项目中,锻炼学习者的动手能力和解决实际问题的能力。在创客教育基于项目学习的教育实施方式中,在项目设计方面教师承担的角色是学习情境的设计者。二是人力资源的管理者。在项目实施过程中,教师要根据学习者的认知水平、兴趣点、能力倾向分配交流协同的项目小组,在这一过程中教育承担的是人力资源的管理者角色。同时还要调动各种资源,将项目学习需要的软硬件、机械设备、各种辅助设备进行整合。建构主义知识观认为学生不是"空着大脑"走进课堂接受知识的,而是借助过去不同的知识经验,在情境中通过引导在原有知识上构建、生成新的知识。三是学习过程的调控者。创客教育在基于项目的学习阶段，在设定的项目实施过程中，教师将为学生提供任务框架，在原有知识背景和经验中引导和启发学生完成任务的途径和方向，学生通过自主完成项目任务后又会将任务支架撤除。四是实践质量的提升者。在完成项目学习过程中教师起到监督作用，在项目组进度和学习者的分工协作过程中，当学习者遇到困难时给予心理疏导，在愉快的氛围中，完成项目任务。总之，在创客教育中教师不再是知识的授予者，其角色更像是一个教练。

（三）教育课程

传统教育中条块分明的学科分布，让学习者无法超越学科间的界限，容易受单一学科限制思维僵化，限制创造性思维的发挥。实际上在解决实际问题过程中，要融合不同的学科知识和技能，跨学科的应用与融合是创客教育在课程方面的倾向。创客项目实践过程中往往涉及多学科知识、技能的交叉应用，这种情况下，传统教学单一教学模式就无法满足跨学科的创客项目任务，为解决这一问题可以开设STEM融合课程，课程内容包括科学（Science）、技术（Technology）、工程（Engineering）、数学（Mathematics）。这四部分学科也就是著名科学家钱学森先生在大成智慧学中所指的"量智"，渐渐在STEM教育中又加入了艺术（Art），在原有基础上称为"STEAM"课程，艺术是钱学森先生所说的"性智"部分。人类文明的成果无法是"性智"和"量智"共同作用的结果，可见"STEAM"课程完全符合钱学森先生所提倡的大成智慧之学。要求学生在复杂且无规律的学习情境中提升解决实际问题的能力、创造能力、实践能力等。

（四）教育空间

创客教育的实践载体是创客空间，"创客空间"成为热搜名词，从北上广的创客空间崛起到现在向全国辐射。创客空间从字面理解首先它是为创客所准备的一个实体空间，在这空间中可以交流、聚会、活动、设计发明、进行实验。创客空间除实体空间外，还为创业者提供虚拟线上服务空间，在虚拟的空间中可以查询、学习、讨论等，它是实体创客空间在云端的延续。我国现有创客空间无论公益性质的还是营利性质的都是以实体形式出现的，狭义的创客空间单指实体空间，其实除实体空间外，创客空间还应包括虚化空间，在这里为创客提供各种信息服务。成功的创客空间应是虚实结合、个人集体互联的学习空间。

（五）教育文化

文化影响社会价值取向，创客文化从最早创新产业大发展到如今众创时代的到来，创新创业从精英创造大众产品一跃跨入大众创造个性化产品的个性化时代，我们上面已论述过创客教育文化根源与"工匠精神"，在信息时代创客从传统手工艺者那里传承了"工匠精神"，这更是创新创造领域的民主平等，这种文化引导的价值观对个人、社会、民族产生不同影响，从个人层面要求创客要具有自强不息的精神和敢于创见的精神。而这种对个人价值层面的影响要通过创客教育文化的漫漫润泽。当全社会都崇尚创新，创客才会对传统教育模式带来颠覆性的改变，才最终得以实现新工业3.0"众创时代"的到来。

第三节 发展创客教育的策略研究

创客教育在我国发展时间不长，部分高校创客教育实践经验还不够丰富，在具体实践过程中也存在一定的问题。根据温州大学和中山大学新华学院发展创客教育的实践经验以及我国各高职院校的具体实际情况，笔者主要从理论方面对创客教育进行深层分析，从实践方面对创客教育发展的具体实施措施进行多方面探索，从制度方面对创客教育的管理进行科学规划，提出我国高职院校发展创客教育的策略。

一、从理论方面进行深层分析

（一）探究创客教育发展规律

通过对目前高职院校创客教育的发展现状进行总结和分析，高职院校创客教育发展主要围绕五个方面来发展。这五个方面分别为学生创客、创客教育教师、创客教育课程、创客空间、创客教育活动。笔者将这五个方面总结为高职院校创客教育发展的五要素,高职院校创客教育发展离不开这五个内部要素。在高职院校创客教育五要素图中(如图4-1所示),以"创客教育"为中心,"学生创客""创客教育教师""创客教育课程""创客空间""创客教育活动"分别环绕周围,彼此相互联系,共同作用,缺少任意一个要素,创客教育的发展都是不完整的。在创客教育五要素中,学生创客是主体,创客教育以学生为中心发展;创客教育教师是发展创客教育的基本条件,是整个创客教育过程中的主要实践者和引导者;物理创客空间是发展创客教育的基本场所,虚拟创客空间为学生提供便利的交流分享平台;创客教育课程是发展创客教育的基本方式,学生通过创客教育课程学习系统的创客教育知识;创客活动是发展创客教育的辅助形式,通过发展创客活动,为学生提供展示作品、交流学习的机会。高职院校创客教育五要素图是高职院校发展创客教育形式和活动的基本概括。在高职院校创客教育发展过程中,需不断关注创客教育发展动态,总结高职院校创客教育发展的经验规律,为我国高职院校创客教育的发展提供正确的理论指导。

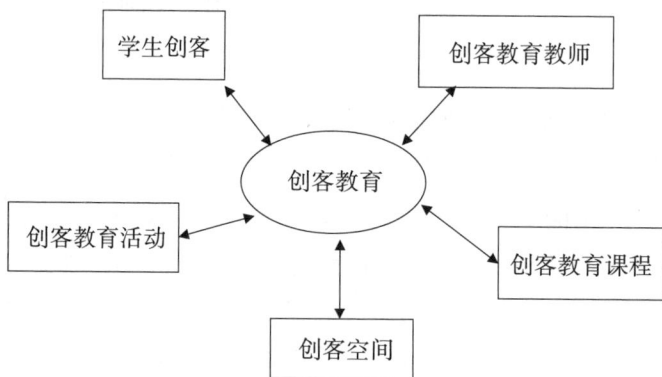

图4-1 高职院校创客教育五要素图

(二)完善创客教育相关理论

创客教育经过近几年的发展,已经逐渐成为教育领域新的发展趋势,大部分高职院校已经创建创客空间,实施创客教育,发展多种形式的学生创客活动。许多学者也纷纷加入创客教育的研究行列,从多种角度、多种途径研究创客教育的发展,但是由于创客教育发展时间相对较短,发展根基不深,发展理论还不成熟,高职院校创客教育发展过程中会遇到各种问题。教育的发展是复杂而系统的,教育发展需要综合考虑教育本身和教育内部、外部各种要素的关系。我国现阶段高职院校创客教育虽然已经跨过了起步阶段,出现了许多在创客教育发展方面取得成果的学校,但是目前总体看来,高职院校创客教育发展依然停留在探索发展阶段,具体表现为:创客教育整体上缺乏成熟的、系统的、权威的发展理论和方式来引导,许多学校创客教育发展目标不明确、发展理念模糊、发展措施不到位,使我国创客教育发展呈现出"个别突出、总体零散"的现象。高职院校创客教育的发展需要系统的理论和方案指导。在创客教育的发展中,需不断总结发展经验,借鉴国外优秀创客教育案例,结合我国实际情况,在创客教育基本理念、教学方式方法、课程体系构建、创客空间创建、创客教师的发展培养等方面形成一套完整的理论指导方案。各高职院校可根据此理论指导方案,综合实际情况,完成本校创客教育的发展规划,提高发展规划的有效性。从总体上,避免部分高职院校创客教育盲目发展的现象,有利于我国创客教育的发展[1]。

二、从实践方面进行多方面探索

(一)构建创客教育支持网络

创新人才是国家发展的重要战略资源,应大力支持创客教育的发展。高职院校应积极响应相关政策,积极建立本校创客空间,开发研究创客教育校本课程,大力培养优秀创客教育教师,积极发展各级各类创客教育活动,紧随时代教育发展趋势,发展创客教育,培养学生的创新能力。

随着高职院校创客教育的不断发展,社会对高职院校创客教育的关注和支持显著增加,需要加强组织,各方协同支持,建立创客教育支持网络,从多方面高度重视创客教育发展的整体设计,积极寻求社会各界的支持和配合。政府方面,需要及时了解高职院校创客教育的发展情况,

---

①李艺潇.大学生创客教育与创新创业[M].延吉:延边大学出版社,2019:55-60.

颁布相关政策,提供资金支持。高职院校作为创客教育发展的主要根据地,需要积极响应政府关于创客教育的相关政策号召,合理建设创客空间,尝试开设创客教育校本课程,组织开展各种创客活动。高职院校之间加强交流合作,相互学习经验,组织分享交流会,举办创客友谊赛。企业积极与高校发展合作,为高职院校提供技术、资金等相关支持;高职院校的创客成果可以和企业对接,为企业提供技术支持,一方面高职院校的创客教育获得了支持,另一方面也为企业提供了赢利机会。社会方面,加强舆论引导,充分关注创客教育的发展。家庭对学校创客教育给予理解和支持,摆脱以分数为重的观念,重视学生能力的培养。政府、学校、企业、社会、家庭五方共同配合,全面促进我国创客教育的发展。

在创客教育支持网络图中,将创客教育的支持组分为三级。最外层为一级支持,由创客运动热潮、科学技术发展、创新创业环境和政府政策导向的社会大环境构成,一级支持主要对创客教育起导向引领作用。中间一层为二级支持,由政府和学校协同支持、企业和学校协同支持、学校之间协同支持、学校和社会协同支持、学校和家庭协同支持组成,二级支持是各方协同支持,在创客教育具体发展中发挥重要作用。三级支持是由创客教育主要要素组成,创客教育发展围绕学生创客、创客课程、创客教师、创客空间、创客活动开展,三级支持为创客教育的内部支持。通过构建创客教育支持网络图,调动一切可利用的资源,促进我国创客教育的发展。

(二)开设创客教育课程

高职院校开设创客教育课程方式之一是将创客课程有意识地融入常规的课程之中,让学生逐渐适应创客教育的教授方式和学习方式。创客教育课程应是跨学科性、技术性、实践性、创新性的课程,把知识传授从传统的传输方式转变为以实践应用和创造为中心的自主探究。教师可将创客学习的方式方法应用到日常教学和传统课堂中去,学生通过参与创造,激发学生的创新思维和创造能力,弥补传统课程教学对学生创新能力和实际问题解决能力的不足。另外,创客教育课程融合了计算机、电路、编程、手工等多项学科,课程整体设置需要由基础逐渐深入,并不是简单由几门课程组成,所以如何合理地将创客教育课程与日常课程相结合,是学校开设创客教育课程必须考虑的问题。加之高职院校倡导创业就业,高职院校创客教育课程的设置应更具创新性和实践性。

高职院校除将创客课程有意识地融入常规的课程之中,也可研究开发专门的创客教育课程,引导学生学习专门的创客知识。目前,国内许多社会创客空间和机构针对中小学生的年龄特点设计开发出各自具有特色的创客课程,为创客教育课程的设计和开发提供了经验和借鉴,但是因为创客教育课程的复杂性,这些课程还未形成完备的课程体系。创客教育的学习过程是一个探究的过程,高职院校学生的年龄结构和思维特点与中小学生不同,创客教育课程的设置要符合高职院校创客学习的特点。因此高职院校在开设创客教育课程时,需要对目前学校的课程体系进行优化设计,并尝试开设新的创客教育课程。创客教育课程主要有三个特点:一是需要强调课程活动的实践性。学生能够进行动手操作,交流协作,而不是说教型、操练型的学习模式。二是需要强调学科与信息技术的融合性。创客教育提倡使用各种技术工具、媒体素材等,让学生了解信息技术,在促进学科教学的同时提升学生的信息素养。三是需要强调多个学科内容的整合性和课程材料的时代性。学生所学习的内容要及时更新,与现实发展相联系。除了高职院校根据实际情况自主开发设计关于创客教育的校本课程之外,国家可以统一组织开发相关创客教育国家课程,在全国范围内组织实施。另外,地方相关组织可以根据本地区的传统和优势,依据国家相关的教育方针和政策,自主开发和管理具有本地区特色的创客教育地方课程,既可以推动本地区创客教育的发展,又可以展现本地区的经济和文化特色。

(三)培育创客教育教师

创客教育是引导型、协助式的教育,加强高职院校创客教育教师素质队伍建设,提升创客教育教学方法与质量是高职院校发展创客教育的重要环节。3D打印技术、数字化技术等现代科技与创客教育发展密切相关,促使从事创客教育的教师不断加强专业能力、提高专业素质。创客教育教师是发展创客教育的关键和保证,在高职院校中培养专业的创客教师是发展创客教育最需要关注的问题。创客教育的兴起与发展,已经吸引了越来越多的高职院校教师参与其中,尤其是青年教师,他们了解并掌握互联网和前沿科学技术,敢于积极探索,不断实践,一定程度上带动了我国创客教育的发展。创客教育要求教师向多种能力转变,具备实践能力、数字能力、研究能力和应用分析能力等综合能力。教师可以定期参加培训,丰富理论知识和实践经验,提高自身的专业知识水平,教师之间可经常进行创客校本课程交流研讨活动。

建立全国创客教育教师的培训系统,会聚全国创客教育教师。一是建立创客教育教师的网络学习平台。构建全国创客教育教师的教学研究和网络分享系统,聚合优秀的创客教育课程,供教师研究学习,进行网络开放式创客教师的培训和指导。二是建立全国创客教育教师统一管理机构,建立创客教育教师的公共服务体系,负责创客教育教师的培训、研讨交流,定期组织创客教育教师体验3D打印、机器人、虚拟实验等科技实践教学活动;并将优秀的创客教育教师进行备案,统一管理创客教育领域的专业人才教师。另外,由于创客教师培训的时间性和复杂性,学校可积极引进和邀请优秀社会创客作为学校创客教育教师,便于学生与社会创客交流经验,了解学校中学习不到的经验知识。学校应注重创客师资队伍建设,通过多渠道和多形式解决创客教师稀缺问题,满足学校创客教育对教师的需求。

为促进和鼓励创客教育教师不断提高教学能力,可探讨建立全国创客教育教师的职称制度。可根据教师的教学能力将创客教育教师的培养分三个阶段:初级讲师、中级讲师、高级讲师,并给予相应等级的全国资格证书,将创客教育教师的培养系统化、权威化。目前,国内建立较早的社会创客空间——柴火创客空间与华东师范大学合作,对创客教师进行培训。针对不同的教师对象进行不同的培训和培养,经考核合格后,由工信部教育与考试中心颁发创客教育教师的专项证书。其中,对于零基础在校教师和创客课程爱好者,完成入门课程的学习,具备创客教育教师基本的教学能力,并通过相应考核,可获得初级讲师资格;对于能够对创客大赛课程进行讲授的专业培训师和具备高阶创客教学能力的在校教师,可获得中级讲师资格;针对具有扎实的创客课程知识能力,并能够担当创客教育培训的创客师资培训导师,通过相应考核后可获得高级讲师资格。

(四)创建物理创客空间

物理创客空间是一个线下实体场所,配备有各种进行创作的工具设备,是一个具有加工车间、工作室功能的开放式交流实验室、工作室和机械加工室。在高校创客空间中,不同学科背景的师生可以发展交流、共同制作、聚会分享,实际上是一个师生进行科技创新活动和交流的场所、把创意和想法变成现实的场所。因为创客空间交流的自由性、氛围的愉悦性、物品的创新性、教育的开放性,许多高校也将其作为发展创新创业的活动阵地。随着创客活动的不断发展,出现了越来越多的社会性的创客空间,例如上海"新车间"、杭州"洋葱胶囊"、深圳"柴火空间"等。目前出现的各种形式的创客空间,根据不同的形式和目的主要分为三类:公益性创客空间、教育性创客空间和市场性创客空间。

高职院校拥有优质的创客空间更容易有效地发展创客教育,创客空间是实施创客教育的基础载体。随着创客与创客运动的兴起,国内外纷纷创建创客空间,创客空间的数量在全球范围内迅速增长。对于高校来说,创客空间是知识产生和实践的场所,是实施创客教育的场所,学生在创客空间进行交流、分享和动手创作。

高职院校建设创客空间,首先需考虑空间建设的可行性。空间建设考虑到费用和时间问题,并非必须建设新的场所,可以利用校园中空余、闲置的场所,将其收拾、改造成学校创客空间,一方面可以节省物力、财力、人力,另一方面可快速投入使用。若高职院校没有可利用的闲置场所,可以将图书馆与创客空间整合。图书馆是学校师生活动往来的中心场所,人员流动频繁密集,且馆内信息资源、技术资源丰富,在图书馆中建设创客空间具有天时地利的优势。学校与附近社区合办创客空间也是高职院校建设创客空间的一种有效方式,将创客空间建在社区中,利用社区的空间资源,加强与民众的交流互动,既满足了高职院校创客教育的需要,也在社区居民中传播了创客文化。高职院校建设创客空间,其次要考虑空间工具设备的配置问题。创客空间工具设备的配备,既要充分满足学生学习活动的需要,又要符合创客空间建设的基本要求。以人工智能项目为例,创客空间进行该项目活动建议需要有以下设备工具配置:第一,创客空间的场地大小一般不应小于一间标准教室;第二,创客空间内应配有关于人工智能的相关书籍、机器人学习套装、无人机套装、工作台、附属装备、多媒体展示设备和其他与学习人工智能相关的材料工具等。另外,学校还可以结合本校实际和优势特色,开设其他创客创意项目,并为其配备相应的资料、工具和机器设备。

(五)营造创客教育文化

积极发展创客教育活动,引导师生广泛参与,宣传创客的知识和思想,在高职院校中营造创客教育文化,让每个学生接受创客教育文化的熏陶。第一,定期在学校发展创客创意产品展示。学校可以将学生的优秀创意产品进行定期展示,组织学生参观交流,激发学生动手创作的兴趣。第二,开办创客教育讲座。学校可以邀请一些创客教育教师、优秀学生创客、社会创客空间创始人等优秀创客来校进行创客教育讲座,为学生讲解知识,解答疑难问题。第三,规范各级各类创客比赛的相关制度,鼓励校内师生积极参加各类创客创新类比赛,在比赛中提升自身水平。第四,定期进行校园优秀创客空间评比活动,对优秀的创客空间进行表扬和奖励,优先提供经费资助,对创客空间团队人员进行荣誉评比,提高教师和学生建设创客空间、发展创客活动的参与积极性。第五,加强校际区域合作。加强校与校之间的交流合作,组织学校师生到其他正在发展创客教育的高职院校参观学习,同地区高职院校共同举办创客友谊赛、创客文化节、创客交流会等交流活动,共同展示创客成果,分享创客经验。加强学校与社区之间的交流,定期举办"创客进社区"活动,或邀请社区居民参观学校创客空间,了解社区居民想法,邀请社区居民共同进行创意制作,将社区和高校联系起来,交流互助,共同学习创客知识,宣传本校的创客文化。温州大学和中山大学新华学院两所学校在发展创客教育过程中,经常发展多种形式的创客活动和创客竞赛,积极营造学校的创客教育文化氛围。

积极向师生和公众宣传本校发展的创客活动。第一,通过校园媒体进行宣传。利用校报、校园广播电视以及校园海报张贴栏等宣传创客活动,校园媒体最易直接与学生群体接触,有利于活动内容的传播。第二,创客教育是互联网科技时代的教育产物,高校学生群体年龄层次普遍年轻化,近几年来随着社交网络影响力的不断扩大,利用社交媒体宣传更容易大范围推广。通过微博进行宣传,学校官方微博发布、分享活动消息,增加活动参与人数,提高创客活动的知名度。通过微信进行宣传,利用微信公众号和扫描二维码的方式,实时推送活动消息,引起学生兴趣,利用微信平台提高宣传效率。最后可以通过电视、报纸对活动进行宣传,展示学生的创意产品,提高社会大众对学校的关注度。

(六)建立在线交流平台

创客空间是线下学生进行创客学习、活动的实体物理空间,虚拟创客社区是指创客们交流经验、分享知识、展示作品的一个网上自由的交流平台。目前,大多数高职院校创客空间只注重实体创客空间的运营而忽略创客社区的建设。创客空间和网络创客社区二者相辅相成,只有把线上社区和线下空间充分结合起来,才能更好地发展创客教育。创客社区可以不受地域和时间的限制将有共同兴趣爱好和利益诉求的创客聚集在一起,形成一个自由、开放的创客网络,创客们可以在上面发布消息、展示作品、交流分享工具软件、开展合作等。各高职院校可积极构建校级创客社区,设置主要管理人员,定期维护学生创客交流活动,发布学校创客教育课程,通知各项创客大赛,为学生创客答疑解惑、提供帮助等,建立一个和谐、开放的交流平台。

在线学习平台是学校管理和支持的课程、知识的资源库,是一个网络资源平台。第一,学校可将创客教育的课程资源、软硬件资源、学生创客优秀作品等上传到资源库,供学生交流学习。第二,学生可在网络平台观看创客教育的相关课程视频,下载创客软件等材料,也可将自己的创客作品上传至在线学习平台,和创客们一起交流创作经验。第三,在线学习平台也是网络社交平台。在线创客可以在学习平台上寻找好的项目,分享稀缺工具材料,结交创客伙伴,形成一体化的学校创客服务平台。

三、从制度方面进行科学规划

(一)健全创客教育相关管理制度

高职院校发展创客教育的同时需要建立健全相关的管理制度。在创客空间的管理方面,可根据实际情况,或征询师生的建议,制定科学合理的管理制度,以为学生提供学习和创造活动的场所为高校创客空间或教室建设和使用的最终目的。高职院校创客空间的使用管理主要集中在"物"和"人"两个方面。在"物"的使用管理方面,建立工具设备和材料的引进和使用档案,创客空间中工具和设备的配置取决于学生创客活动的目的和需要,学生使用大型仪器设备或先进科技工具之前要进行培训讲解,之后及时进行记录整理,防止因使用不当造成设备损坏。在"人"的管理方面,制定空间使用时间表,对学生利用空间进行定时定量的合理安排。制定校外人员空间使用制度,可定期对校外人员开放,允许校外创客与学生共同探讨交流。

在创客教育教学方面,一是注重创客教育课程管理,建立创客教育课程表,合理安排和设置创客教育课程,既符合学生的专业需求,又满足学生知识拓展的要求;二是注重创客教育课堂管理,创客教育课堂是开放自由的课堂,但也是开放有度的课堂,教师可与学生建立创客教育课堂班规,在自由和谐的氛围中进行有序教学;三是注重创客教育教师管理,对进行创客教育教学的教师进行单独管理,鼓励创客教师积极研究开发新的创客教育课程,尝试新的创客教育教学方法,对在创客教育教学方面有突出贡献的创客教师给予表扬和奖励;四是注重学生创客管理,学生创客是高职院校主要的创客群体,也是高职院校创客教育主要的培养目标,高职院校应积极建立专门负责管理高职院校学生创客的团体,关注学生的学习状况,了解学生的学习需求。

(二)建立创客教育多元评价体系

根据高职院校的实际情况,针对教师和学生建立科学的多元评价体系,制定明确的学生考核评价标准,主要体现在三个方面:一是创客教育评价内容多元化,二是创客教育评价主体多元化,三是创客教育评价方法多元化。学分制是传统教育对学生评价的主要方式,虽然能在一定程度上反映学生的成绩,但评价内容缺乏多元化;虽然可以整体上衡量学生知识学习的掌握程度,却难以激发学生的创造积极性。创客教育的课堂产出通常是小组或团队协作完成的创新性作品,类似的学习成果不适用传统的教育评价方式,无法衡量学生在团队中的贡献程度。因此,基于创客教育学生的学习特点,建立基于过程的评价和基于结果的评价相结合的评价机制,在评价方法上注重量化和质性评价。在基于过程的评价中,以学生个人表现、团队合作为基本评价维度,通过教师评价、同伴评价、自我评价等方式,借助现场观察、态度调查、交流访谈、视频录像等手段,对学生的学习活动进行评价,并针对每一个学生创客制作学生创客教育档案,记录每一位学生的创客教育经历。在基于结果的评价中,仍以传统的测验评价来衡量学生相关知识的具体获得程度,可以以对学生创客作品的评价为辅,如作品的理念、作品的制作方法、作品的实用性等。另外,积极探索可基于网络的可数字化和信息化评价方法的应用,使评价趋于合理化、科学化。建立多元化的学生评价机制,促进高校学生积极参与创客活动。

实现教师考评多样化、个性化,鼓励高职院校教师积极参与创客教育中的各种活动,学校可将教师对学生创客项目的指导和教师创客教育校本课程的研发纳入教师考评体系,以此作为教师职称评定的重要指标。

(三)完善创客教育师生激励制度

为更好地促进高职院校创客教育的发展,应对参与创客教育的学生和教师建立相应的激励制度。积极采取措施,将物质激励和精神激励相结合,提高学生和教师的参与度。为提高学生的参与度与活跃度,高职院校应根据实际情况完善、建立学生参与创客学习的激励制度。

在激励学生和教师参与创客教育的同时,从整体上规范高职院校创客教育的发展。在学校内部建立相应的管理规范和制度,允许师生自由地进行创客活动,但应在学校要求的范围内,对学生和教师的活动进行合理的约束。在学校外部,相应机构应适时颁布政策和意见,及时纠正高职院校创客教育发展中出现的问题,对高职院校创客教育进行合理的规范和引导。

第五章 基于"制作习得"教法的产学合作研究

第一节 产学合作的概念与要素分析

一、产学合作教育

面向全体学生创新能力提升的"制作习得"教法的产学合作研究是当前产学合作非常热门的一个研究主题,在这里我们主要论述了基于产学合作的概念及要素分析。

(一)产学合作教育内涵的界定

产学合作教育是由 Cooperative Education(直译为"合作教育")意译而来,是国际上普遍认同的学校与用人单位合作培养学生的教育模式。这一模式不仅把学生的课堂学习与有计划、有指导、有收入的实际工作结合起来,而且把这种实际工作经历与学生的就业联系在一起。为此,美国国家教育委员会认为:"合作教育是一种独特的教育形式,它将课堂学习与在公共或私营机构中有报酬的、有计划的和有督导的工作经历结合起来;它允许学生跨越校园界限,面对现实世界去获得基本的实践技能,增强学生的自信和确定职业方向。"

加拿大合作教育协会指出:"合作教育计划是一种形式上将学生的理论学习与在社会服务等领域的工作实践与专业学习之间定期轮换。"

世界合作教育协会的表述是:"合作教育将课堂上的学习与工作中的学习结合起来,学生将理论应用于现实的实践中,然后将在工作中遇到的挑战和见识带回学校,促进学校的教和学。"世界合作教育协会的这一定义,淡化了产学合作教育的组织形式,淡化了学生的劳动报酬及学生工作经验与就业之间的联系,因而在一定程度上扩大了产学合作教育的内涵与外延。虽然国际上对合作教育含义的阐述略有不同,但核心思想是一致的,即合作教育是一种把学生的课堂学习与有收入的、有计划的和有指导的实际工作经历结合起来的教育模式,并且这种实际工作经历是与学生的学业目标和职业目标相联系的。相对而言,我国的产学合作教育具有更为丰富的含义和更为宽泛的范围。由于人们对产学合作教育的某些关键问题如产学合作的对象、人才培养目标等方面的认识存在分歧,因而给出的定义也不尽相同。综合多年来一些理论和实践工作者的研究,我们认为,目前普遍认同的产学合作教育的定义可表述为:"它是一种以培养学生的全面素质、综合能力和就业竞争力为重点,利用学校和企业两种不同的教育环境和教育资源,通过课堂教学与学生参加实际工作有机结合,来培养适合不同用人单位需要的应用型人才的教育模式。其基本原则是产学结合、双向参与;实施的途径和方法是工学结合、顶岗实践;要达到的目标是全面提高学生素质,适应市场经济发展对人才的需求。"

(二)产学合作教育的本质要义

按照1987年第五次世界合作教育会议精神,产学合作教育具有如下特征:第一,是培养应用型人才的一种总体教育安排。第二,有一个妥善安排的教育计划,这个计划由一个教育单位和一个或几个使用单位共同商定并管理实施。第三,生产计划是教育计划中的重要组成部分,也是最后考核评定的重要部分。第四,这个计划有正常起止的学习期限。第五,工作经验部分要包括生产劳动,而且在整个计划中要有合理的比例。第六,这个计划不管在什么水平上都要保持高质量。上述特征基本反映了国外合作教育的独到之处。但从我国产学合作教育的实践和发展态势看,它还具有自己的特征,即:"两个共同,双向参与。"两个共同——产学合作由高职院校与社会各部门共同组织、共同管理。双向参与——社会各部门参与教学、科研实践指导,学生作为准职业人参与相应的社会实践活动。

基于"两个共同,双向参与"特征,可以有助于我们克服认识上的误区:将产学合作教育等同于常规的生产实习。从概念的大小看,产学合作教育与只强调知识传播和理解的传统教育模式相对应,是一种学校与用人单位合作,共同培养人才的教育模式,其核心是教育,主体是学生,目的是提高学生对社会与生产的适应能力。而"生产实习"是指学校专业教学过程中的实践环节,学生在实践中的角色没有发生变化(不是准职业人),社会各部门一般不参与教学过程,仅为学校的实践计划提供实践场地或相应的实践条件以及进行实践指导。

(三)我国产学合作发展脉络

我国产学合作教育发展的三个阶段。20世纪80年代的后5年为引入时期。在此期间,我国教育与世界各国开始进行广泛的交流,吸收国外的先进经验。1985年,上海工程技术大学与加拿大滑铁卢大学合作,采用"一年三学期,工学交替"的模式进行产学合作教育实验,标志着我国引入阶段的开始。这一阶段主要表现为以多种形式与国外教育界合作,学习国外的合作教育模式。

第二阶段以1991年4月在上海成立中国产学合作教育协会为标志,产学合作教育进入结合中国经济社会实际进行探索的阶段。其特点是从自发的、分散的状态,走向有组织、有计划的群体状态。其间,协会的成立和开展的活动,受到教育部领导的重视并给予工作上的大力支持和指导,协会组成的产学合作教育课题组,被列入全国教育科学"八五"规划教委重点课题,产学合作教育走向以探索贯彻党的教育与生产劳动相结合方针的方向。

1997年10月,教育部发出《关于开展产学研合作教育"九五"试点工作的通知》,标志着我国产学合作教育进入第三阶段,由民间有组织的实验,走上官方有组织有计划的试点,表明产学合作教育已纳入政府教育主管部门教育教学改革的总体规划中[①]。

---

①武晋海,吴建虎,于有伟,等.高校工科实践教学在产学研合作中的作用研究[J].山西青年,2021(4):54-55.

二、产学合作要素分析

(一)人才培养模式

人才培养模式是关于培养什么样的人才和怎样培养人才的有机整体,它涉及人才培养活动的所有方面和整个过程,是对人才培养活动结构和过程及其相互关系的模式化,决定了组成要素及各要素之间的相互关系及运行特点。人才培养模式的要素包括目的性要素(培养目标)、计划性要素(培养制度)、实施性要素(培养过程)和评价性要素(培养评价)等四个方面,具体包括培养目标、培养方案、培养途径、培养方式、管理制度、评价体系等。

人才培养模式从广义上来说,是指以教育为特征的高等教育实践;从狭义上来说,是指院校依据不同条件和需要形成的具有特色的具体教育实践的理论总结,我们的研究指的是狭义上的人才培养模式。

教育的培养目的和目标,是为国家和地方经济发展培养生产、建设、管理、服务第一线需要的数以百万计的高素质人才,人才培养工作涉及学校的教育教学和管理的各个方面。因此,我们尝试对人才培养模式概念进行定义:人才培养模式是指院校依据有关的教育理论和科学的教育思想,满足经济、社会以及个性发展的需要,提高学生的职业能力和综合素质,以学校教育和社会实践相结合的方式,在长期的教育中确定的具体培养目标、教学内容、培养方式和保障机制的总和。

1.人才培养模式的特征

随着教育的发展,国内外对高层次人才培养模式进行了卓有成效的理论和实践研究,迄今有名的模式种类有数十种之多,而且随着实践的深入,种类不断增加。分析现有的培养模式,我们发现它们共有的特征。

目标特征:教育培养的人才要求与市场需要实现"无缝连接",因此,"以市场为导向"成为其重要的特征。

内容特征:依据教育目标,通过学院教育教学以及管理方面的全方位努力,使学生的知识、能力、素质三个方面都得到提高,并形成科学合理的结构,在为服务社会做好准备的同时,丰富自己、充实自己、提高自己。

实践特征:教育强调重视掌握实践操作的知识和技能,因此要求教育途径和手段与社会实践密切结合，根据职业、岗位需要，设计和安排各种教育教学活动。

2.通过产学合作优化人才培养模式

倡导体系的开放性。人才培养模式的研究是充满创造、不断发展的过程，人才培养模式的发展是稳定与变革的统一。人才培养模式的开放性，从范围来讲要求学校、家庭、社会以及学生本人的共同参与，对计划、内容、形式与手段、学生管理均采取多主体参与方式；从教学计划的制订方面来说，要求由政府部门领导、长期从事该职业经验丰富的工程技术人员或管理者以及本校的专业带头人、骨干教师等共同参与，这样才可能体现以就业为导向的宗旨；提倡教学内容的开放性，促进了课程体系的优化，减少课程授课人员的单一性，使教学内容更加贴近学生毕业后从事岗位或岗位群的具体要求；鼓励教学手段的开放性，实践环节的增加，也促进了学生与教师双向交流的机会，学生从封闭式的学习转向开放式的学习，使学生的主体作用得到发挥。

重视形式的多元性。社会对人才的需求是多方面的，有企业的需求、行业的需求，有家庭的需求，也有学生自身的需求。教育既要为学生的就业做准备，还必须为学生继续学习做准备，教育培养的人才是与市场需要联系紧密的特长突出、全面发展的人才。高职人才培养的模式应该切合学校、行业和区域经济发展的需要，将由单一型向多元化、复合型方向发展。强调结构的合理性。教育特别强调能力。教育人才所要求的能力，已从过去单纯的岗位能力向岗位群能力，专项能力向综合职业能力，操作型动手能力向智能型处理能力，就业竞争能力向创新、创业能力发展，人们对高等教育人才的能力要求在适应经济、社会、科学技术发展中不断加深。值得一提的是，目前我国的高等教育人才的素质培养，虽然注意了职业道德教育，但尚缺乏对文化养成的教育，必须引起重视。在实践当中人们已经认识到：只有由企事业参与专业建设委员会，学校和企事业的人才观才能一致。以市场为导向建立人才的"知识、能力和素质"的科学合理的架构，能为职业教育的教学计划、课程建设、教学模式、教学方法、教学设备建设打下坚实的基础。职业教育是以就业为导向、以能力为本位、以职业岗位需要和职业标准为依据,努力满足学生职业生涯发展的需求,适应社会经济发展和科技进步的需要,按照实际工作任务、工作过程和工作情境构建模块化的专业课程体系来实施的人才培养模式。其中,"校企合作""学工交替""订单式""准就业制""双证书"等是高职教育典型的人才培养模式。由于不同的人才培养模式工学结合中的教学过程参与主体、教育资源、教学情景等有所不同,有着既有共性又有个性的课程体系和实施策略。

3. 实训基地建设

院校的实训基地是校内实训基地和校外实训基地的有机统一。校外实训基地是高职院校实训系统的重要组成部分,是学生与职业技术岗位"零距离"接触,巩固理论知识、训练职业技能、全面提高综合素质的实践性学习与训练平台。基地除了作为实训教学、职业素质训导、职业技能训练与鉴定等平台外,还是开展教学改革、科学研究、就业指导、服务社会等工作的多功能场所。校外实训基地是对校内实训基地设备、场所和功能缺陷的有效补充,能有效缓解学校实训基地建设所需经费和空间不足的矛盾。

加强实训基地建设对高职院校的发展有着深远的意义。实验实训基地建设,直接关系着院校的生命力,是一所院校赖以发展的基础,是实践教育的首要前提,是培养应用型技能人才的重要保障。创新实验实训基地建设,以充分发挥其功能,是实现创新实验实训教学质量和学生实践技能的基础。从国内外教育发展来看,教育与知识经济同步向前发展。

因此,教育要发展,就要在全面素质培养的基础上,突出职业综合能力和创新能力的训练。创新实验实训基地建设已迫在眉睫,是教育可持续发展的生命线。教育必须创新实验实训基地建设,以培养特色人才为建设目标,增强实验实训教学的社会性、实践性和针对性。学校要树立自己的品牌,要有名专业、名教师、名学生,必须有现代化实验实训基地及教学设施。新实验实训基地建设只有以培养学生技术应用能力和职业素质为主旨,以行业科技和社会发展的先进水平为标准,以学校发展目标所设专业的实际需要为依据,才能充分体现规范性、先进性和实效性,与生产、建设、管理、服务第一线相一致。

(二)"双师型"教师培养

构建特色的人才培养模式,必须有一支适应教育的"双师型"教师队伍。从教师队伍的结构来说,既有专职教师,又有兼职教师;既有来自高校的,又有来自企业的;既有侧重于专业理论教学的,又有侧重于专业技能教学的。从教师个体来说,专业课教师既要有全面的专业理论知识,又要有较强的岗位实践经验,要逐步向教师—工程师、教师—技师、教师—会计师、教师—实验师、教师—设计师等复合方向发展。

目前,无论是在"双师型"教师内涵的理解和把握上,还是在"双师型"教师队伍建设的实践上,都存在着一定的误区和偏差,这对于培养"双师型"教师,提高职教师资队伍建设的水平和质量都产生了很多不利影响。因此,必须结合院校师资队伍建设的实际,从理论上澄清"双师型"教师和"双师型"教师队伍的内涵,并从实践上改进"双师型"教师队伍建设模式,才能使"双师型"教师队伍建设取得实效。

目前,关于"双师型"教师的认识主要有两种误区:一是"双证"说。即以教师是否持有"双证"(教师资格证和行业技能等级证)作为是不是"双师型"教师的判断标准,也就是"双证等于双师"。在这种观点的导向下,教师就会普遍认为:只要"双证"在手就可高枕无忧。在职业资格证书制度还不健全、不完善的今天,资格证书与实际能力的等值很值得怀疑,以此为依据作为判断教师是不是"双师型"教师的做法是不全面的。"双证"即"双师"的认识,在实践中使得教师积极投入考证行列,结果出现为拿证而拿证,这严重影响了"双师型"教师培养工作的导向。这种认知观,只从形式上强调了"双师型"教师要重实践的特点,而忽视了"双师"重在"双能"的本意。二是"双师"说。这种观点认为,"双师型"教师就是教师与技师或工程师的叠加,即"双师型"教师应既是教师又是技师或工程师。这种观点突出了"双师型"教师的教育教学能力和实践能力,注重了共性,但忽视了"双师型"教师与技师或工程师的区别。从工作对象看,技师或工程师面对的是物,"双师型"教师面对的是有思想、有感情的人。从在生产中的地位和作用看,技师或工程师在生产活动中占决定地位、起决定作用,"双师型"教师在"生产"(教育)活动中占主导地位、起主导作用,教师的外部作用必须通过学生的内部作用发生效力。从知识、能力看,技师和工程师要了解生产的基本知识和操作要领并能实际操作,而"双师型"教师必须将生产、管理、服务知识和能力吸收内化,并能有效地再现、传授给学生。这就要求"双师型"教师不但要熟悉操作过程,而且要精通其原理,并能组织学生学会学好。因此,"双师型"教师绝不是教师与技师或工程师的简单叠加,而应结合职业教育的客观要求、职业教育的本质属性以及职业院校师资培养和使用的实际,对学生进行有针对性的教学。

"双师型"教师的合理内涵应该是:第一,"双师型"教师是具有双师素质的教师。高职教育是指"对青少年在就业前或就业后,为提高其所从事职业的工作质量和效率所实施的一种专门教育。以传授比较系统的文化科学知识和职业知识的职业学校的教育,其主要内容包括:职业道德教育;与职业相关的文化科学基础知识;职业的理论知识、技能技巧等"。这里的职业教育具有两个层面的含义:其一,学生要接受普通教育;其二,学生在接受普通教育的基础上学习职业技能。由此可见,从事职业教育的教师首先要教给学生基础知识和基本能力,在学生获得了基础知识和基本能力的基础上,再教会他们从事某一职业的专门技能,前者使学生能够"知其然"和"知其所以然",后者使学生在"知其所以然"的基础上动手实践,将理论知识应用于实践操作之中,并从实践操作中消化、吸收、掌握理论知识,在此循环中熟练操作技能,提高工作质量和工作效率,并在实际工作中发挥潜能。这就要求专业课教师必须具有双师素质和能力。一是要有教师的素质和能力,能够像文化课教师那样,具有较高的文化和专业理论,有较强的教学、教研及教学能力和素质,能够把知识技能有效地传授给学生,使学生在"学中做"。二是要有师傅和技师的素质和能力,不仅要有广博的专业基础知识、熟练的专业实践技能、一定的组织生产经营和科技推广能力,以及指导学生创业的能力和素质,能够准确地操作示范,还要掌握技能(手艺)的传授方法,提高学生的接受效率,使学生在"做中学",并能在"做"中对技能进行创新和改进。

简单来说,具有双师素质的教师必须既具有专业理论水平,又具有实践能力;既能从事理论教学,又能从事实践教学;既是简单意义上的"老师",又是工厂中的"师傅"。

第二,"双师型"教师是具有双师资格的教师。"双师型"教师是指"具备良好的师德修养、教育教学能力和良好的行业职业态度、知识技能、实际操作能力的持有'教师资格证书'和'专业技术职务证书'的职业教学专兼职教师"。这里强调"双师型"教师要持有"教师资格证书"和"专业技术职务证书"是不恰当的,更确切地说应该是持有"教师资格证书"和"行业技能等级证书"。为什么这样说呢?这是因为只要从事教学工作,并且具备教师的素质,就应该具有相应的职称,亦即持有相应的"专业技术职务证书",它代表的是教师的职称高低,而不代表行业技能水平的高低,所以,具有双师资格就要求教师具有教师资格(代表掌握教育教学理论)、专业技术资格(代表教育教学和科研能力)和相应的行业技能技术资格(代表实践操作能力和技术水平)。双师资格是认定"双师型"教师的"硬件"标准。俗话说得好,"没有规矩无以成方圆",这里的"资格"即"规矩""尺度"。

将以上两个方面的内涵概括起来,并从理论和实际来考察,可以得出这样的结论:具有教师素质和实践者素质是成为"双师型"教师的基础,具有教师资格和专业技术资格是衡量"双师型"教师的尺度,符合这两者并且两者在知识、能力和态度等方面有机融合起来,才是真正意义上的"双师型"教师。即"双师型"教师是指既具有良好的师德修养、教育教学能力,又具有良好的行业职业态度、知识、技能和实际操作能力,还持有双证的专业教师。可以用如下的公式来表示:"双师型"教师="双师素质"教师+"双师资格"教师。

三、产学合作相关性研究

产学合作是大力发展我国高等教育的战略选择。伴随着社会经济发展,大力发展高等教育已成为我国高等教育改革和发展的重要决策。对于处在社会经济体制转型期,且自身处于起步阶段的我国高等教育,走产学合作教育之路,实现社会化办学,理应成为大力发展我国高等教育的重要战略选择。

第一,产学合作,实现人才培养目标与规格要求,为职业教育赢得质量与社会认同度。产学合作教育,是一种利用学校和行业、企业、研究机构不同的教育资源和教育环境,以培养适合行业、企业需要的应用型人才为主要目的的教育模式,即利用学校与产业、科研等单位在人才培养方面各自的优势,把以课堂传授间接知识为主的教育环境与直接获取实际经验和能力为主的的生产现场环境有机结合起来。学校根据企业的人才培养规格要求开设课程,使高等院校与行业、产业发展融合在一起;在教学过程中,理论与实践紧密结合,学校与企业密切联系,企业为培养"双师型"教师提供实践锻炼,推荐技术工程人员到学校担任兼职教师,以及为学生岗位实践提供场地,学生在企业进行经常性的实习和技能培训,并将所学知识运用到生产或工程实践中去。校企还可共同建设实训基地。校企双向参与,产学紧密合作,充分利用社会资源,多渠道、多模式、多机制地开展产学合作办学,以解决我国教育资金短缺、实践环节薄弱及学生就业难等问题。充满生机与活力的产学合作教育,必将有效地保证教育质量,所培养的具有熟练技术和受过高等教育的毕业生必然有高的就业率,并获得社会广泛的认同度。

第二,产学合作,形成多样化人才培养格局,为职业教育赢得广阔的市场与空间。社会人才的类型是随着社会的发展而产生和发展的,社会的教育类型也随着人才类型不断发展而发展。

第三,产学合作,积极发挥应用研究和技术开发功用与效能,为职业教育实现良性循环和可持续发展赢得办学生机与活力。开展科学研究是专业建设和培养高质量、高层次职业技术人才的必由之路。

科研与教学之间的关系表明,科研在提高教师学术水平和业务能力,将技术前沿及时反映到教学内容之中,以及将科研中运用的科学思维方法传授给学生,培养学生的创新精神和实践能力等方面具有重要的推动作用。因此,高职院校不可轻视科研工作。新的时期,要使产学合作教育卓有成效地开展,高职院校必须凭借自身的实力、优势与特色参与社会竞争,真正成为企业科技成果的辐射源,乃至成为企业产品开发和技术创新的基地与依靠力量,使企业受益。高职院校对于企业生存与发展相关程度越高,企业对高职院校产学合作教育支持度就越高。因此,高职院校要积极创造条件加强应用研究与技术开发,加强同企业的科技协作。针对企业技术改造、科技开发的实际需要,将学校智力因素与企业生产要素紧密结合起来,为企业提供应用研究和技术开发服务,提高对企业经济增长的贡献率,同企业开展全方位、高层次的产学合作教育,为高等职业教育进入良性循环和可持续发展赢得生机与活力。

四、新时期产学合作的新特点

时代的发展为教育发展提供了新的环境和时机,同时,在新的环境背景下,院校的产学合作也呈现许多新的特点。

(一)产学合作教育适应社会经济发展的需求

现阶段职业院校的招生规模不断扩大,让职业教育的整体发展得到一定的促进,但是随着经济转型,产业技术迅速升级,对人才的要求不断提升,经济的发展对职业人才的需求增加。国内经济从粗放型增长,开始变成集约型增长。产业的类型也开始逐渐向着资产密集以及技术密集的方向发展,产品的技术含量迅速提升,需要的劳动力是真正高素质、高技能的人才。另外,如今企业对人才也是提出更高的要求,在素质方面,岗位技术的难度不断提高,院校培养的人才不仅需要有完备的知识结构以及较高的技能水平,还要具备适应力以及终身学习理念。因此,在这种新的社会背景下,新时期的产学合作又有了新的特点。

市场经济改革中变化最大的是政府角色的变更。在职业教育产学合作体系中,政府不再依赖于行政指令,而是在自主、平等的基础上进行政策、法律的指引。长期以来,职业院校的人才培养计划、专业设置、招生人数等都是在按照政府的指令进行,但是,随着经济转型的到来,职业院校的市场自主性和开放性也日益明显。开放的教育市场和大众化的教育政策给高职院校带来了生源市场的挑战、办学市场的挑战、人才市场的挑战。

计划经济时代,企业和政府之间是一种隶属关系,随着市场经济的日益完善,新型的政企关系正在逐步建立。企业的服务面由政府转向了社会,为了自身的发展,市场份额的获得成为企业增强自身能力的途径。而科技、管理与先进人才的获得就成为企业发展的关键因素。这样就要求企业自身积极主动地与外界联系,从相关部门获得人力与科技方面的支持。

(二)主体多元化的产学合作

随着社会的发展,社会的功能已经在分化的基础上逐步走向综合。社会不能通过一个单独的机构对它的所有一切组成部分(无论在任何领域)发挥其广泛而有效的作用,不管这个机构多么广大。特别是随着市场经济的逐渐完善,办学已经不再是高职院校的特权,在教育需求多样性的背景下,学校已难担此重任。目前,社会的教育功能已经不再仅仅属于学校,可以这么说,政府机关、企业部门都要参与到教育工作中来。在新时期的社会环境下,企业办学的例子已经屡见不鲜。同时,学校本身的作用也在发展,学校不仅为企业培养员工,而且发展的触角也伸向新兴企业,如为这些企业提供发展规划的理论指导等。在这种新型背景下,学校和企业在互相进行功能互补与资源整合的同时,又在相互争夺市场,因此产学合作呈现了多种模式:有以企业技术开发为主的产学合作,也有以高职院校培养人才为主的产学合作。过去由企业出资、院校出人力的单一产学合作模式已经被打破,多元化主体下的产学合作模式正在逐渐形成。

(三)可持续发展成为产学合作教育的主题

在当今的知识经济时代,知识的迅速发展和更新也带来了终身教育的思潮,终身教育思潮的到来,又打破了学习和工作的时间界限,学习已经成为每个人终身连续的事情,教育正逐渐在时间和空间上扩展到它的真正领域——整个人的各个方面。因此,终身教育的理念又给院校的产学合作带来了新的特点,这种产学合作不再是只在源头上一次性进行的,如企业与院校共同培养学生,以便学生毕业后顺利进入企业工作,而是要求企业和院校要充分发挥主观能动性,积极进行联合,除培养毕业生之外,高职院校还要为企业员工建立终身培训计划,使企业员工可以不断地"回炉"进行充电、学习。根据每个人自身的情况和职业生涯规划,设计出与之相适应的产学合作持续系统,正在成为产学合作的新需要。

这就对产学合作关系中的各方提出了新的要求。从学校角度来看,办学思路要改变,不仅要针对青少年,而且应该适应整个社会"终身教育的思潮",对社会公民进行终身教育;不仅应该将知识传授作为主要目的,更要注重培养学生自主学习的能力。从企业角度来看,人员的引进和员工的培训观念也要进行变化,不要局限于员工现有的专业、技能,而要用发展的眼光看待员工,为员工提供终身进修的机会。

第二节 产学合作长效机制及其构成

基于"创作习得"的产学合作长效机制及其构成也是产学合作研究需要重点论述的一大方面,现就产学合作长效机制的构成、产学合作长效机制组织系统分析进行论述。

一、产学合作长效机制构成

所谓产学合作的长效机制是指产学合作各构成要素的有机组合和共同作用,使要素及要素结构处于优化状态,产学合作长效机制体现产学合作的内在规律。科学、健全的合作机制是促进产学合作发展的动力,也是产学合作健康发展的有力保障。在现在的社会环境背景下,院校与企业有效合作,真正实现产学紧密结合,必须构建以下四个方面的长效机制。

(一)利益机制:驱动校企通力合作

企业与院校都是利益主体。企业最根本的目标是赢利。凡是能够有助于企业合法赢利的行为与合作都会受到企业的欢迎,否则迟早会被企业拒绝。院校应该基于这样的认识,以适应企业需求、争取给企业带来利益作为出发点与企业进行合作。

第一，要根据企业用人需要适时调整实践教学计划。例如，"五一""十一"、春节长假期间是商品销售旺季，商店迫切需要增加销售及与之相关的人员，高职院校可以组织市场营销、电子商务等专业学生去企业顶岗实习。一方面可以解决企业人力资源紧张的燃眉之急，另一方面，越是繁忙的业务，越能培养学生的职业情感、职业道德、职业素质和职业能力。

第二是适应企业生产流程需要，实行弹性学制。现代化流水线生产是连续不间断的，学生顶岗操作客观上存在一个由不熟练到熟练的过程，如果学生顶岗操作时间过短，学生熟练了就走，只能给企业带来麻烦而不能带来利益；而顶岗操作时间长，既可以保证产品质量，又可以为企业节约人力成本（企业付给学生的报酬远远低于职工的报酬）。因此为了满足企业需要，高职院校可以将实践和教学时间进行综合，例如每次连续安排时间不少于3个月，这样可以受到企业的欢迎和好评。

第三是为企业提供智力支持。如帮助企业培训员工和中层干部，对员工进行职业技能轮训与鉴定，接受企业委托的项目研究与开发，和企业一起进行产品开发和营销策划等。

第四是提供优秀毕业生。高职院校毕业生优先让合作企业选择，进入毕业实习阶段的学生根据企业需要和毕业生意愿，直接签订就业协议。企业在校企合作中尝到了甜头、获得了利益，必然强化长期合作的动机与动力。而校企长期友好合作的最大受益者还是学校，因为它帮助学校履行了培养高技能专门人才的职责。

学校必须主动适应在产学合作方面企业不热心、政府政策支持力度不大的形势，主动出击寻找校企合作的切入点，通过为企业主动服务的方式建立起校企合作的良好关系。

（二）激励机制：促进校企全面合作

建立激励机制的目的在于调动校企双方合作培养高技能人才的积极性，巩固和发展校企合作的成果。

第一，可以成立由高职院校和企业负责人及有关专家参加的专家委员会,由专家委员会制定专业人才培养目标,共谋人才培养模式和专业教学计划,充分发挥校企两个优势,共同实施人才培养方案。第二,校企双方相互兼职。企业负责人及有关领导兼任学校副校长或系部副主任,学校领导兼任企业副职或有关车间(部门)副职。第三,聘请企业有关专家和富有丰富实践经验的师傅为学校特聘教授或实习指导老师,并发给相应的聘任证书。第四,在国家政策允许的范围内向企业有关兼职人员、特聘教授、实习指导教师支付一定的报酬,使得他们劳有所得。第五,制订合作企业、兼职人员奖励制度,对于合作好的企业、兼职教授(教师)给予奖励,并通过有关媒体报道宣传。第六,符合教师任职条件,且企业与本人愿意的,调入学校从事高职教育事业,以促进"双师型"教师队伍建设,改善教师的知识、技能结构。第七,将具有教学能力、曾担任学校兼职教师的企业退休职工返聘至学校担任校内实习指导教师,充分发挥他们的余热。

要建立起对校企双方都起作用的各种激励机制。要保证基地正常运转,既要调动领导的积极性,也要调动企业员工与教师、学生的积极性。要定期对参与基地工作的企业员工与学校教师的工作做出符合事实的评价,并根据评估、评价结果对成绩显著的基地和有突出贡献的员工教师进行表彰。

校企合作教育中,必须遵循合作双方互利互惠、双向互动的原则。利益驱动对双方来说都很重要。企业的利益可以体现在如下方面:政府在各方面对企业的扶持;产生的社会影响形成的效益;学院对企业在人才培养、员工培训、客户培训、人才引进、产品开发方面的支持,学院为企业提供的廉价劳动力。学院的利益体现在如下方面:可以按教学计划完成实践教学任务,为学生提供一个与学校完全不同的教育环境,为社会培养合格的高职人才;通过与企业的合作,在基地的实践教学过程中完成双向选择,有利于学生的就业;在师资方面得到企业的有效支持;与企业建立科研方面的横向联系,提升学校的科研能力;提升学校办学的综合实力,拓宽学校的发展空间。

(三)约束机制：规范校企健康合作

有激励就有约束，有约束才有规范，才有校企合作的健康发展。具有长效机制的校企合作不是一方对另一方的施舍和帮助，而是双方共同履行的责任和义务。为此，双方必须受到法律、制度和道德的约束。

法律约束是通过双方签订符合法律规范的协议，在协议中明确规定双方的权利义务以及违约责任。比如，学校在协议中承诺某某时间要派多少人去企业顶岗实习多长时间，企业已将此内容纳入生产计划，如果到时学校不能履约，导致企业生产损失，必须按协议赔偿。再如协议规定学生到企业顶岗实习期间，安全保障由企业负责，一旦发生安全事故，企业必须按照协议赔偿。没有符合法律要求的协议约束，就没有校企合作的长效机制。在法律约束的框架下，企业与学校都要完善相应的管理制度，强化制度约束的力度。如实习实训基地管理制度、特聘教授和兼职教师管理制度、学生实习实训管理制度、学生实习期间劳动管理制度、学生实习期间违规违纪处罚制度等，通过完善制度规范校企合作行为和学生实习实训行为。

不仅如此，还要强化道德约束。校企合作双方都要按照合作共赢原则加强道德教育，使得校企双方在合作过程中符合双方的利益要求、制度要求和道德要求。特别是学校，要把企业作为友好的合作伙伴和自身利益的共同体，竭力维护企业的利益和形象，使其成为学校不可缺少的组织部分。要明确规定派到企业实习实训的学生自然成为企业的一员，融入企业文化之中，按照企业的规定和职业道德要求履行自身的职责。任何把自己置身于企业之外，或者把自己当成实习学生而游离于企业，都会给企业带来损失，都是一种不道德的行为。我们经常看到，有的学校学生到了企业，工作马虎、行为随便、没有职业道德，结果既损害了学校形象，也损害了学生形象，导致校企合作意愿丧失。

(四)情感机制：奠基校企长期合作

校企合作过程始终是人际交往、感情沟通的过程。特别是企业在培养人才缺乏法律规定和政策优惠的条件下，推动校企之间合作的动力首先来自人的情感。某企业领导与学校领导是同乡、同学、战友、朋友，可以带来两家的亲密无间和友好合作。情感永远是校企合作的动力源和润滑剂。情感机制是校企合作长效机制体系的重要组成部分。

构建情感机制,一要加强校企信息的交流和沟通。涉及学校改革发展的重大事件、重要政策调整和人事变动等信息及时向企业发布,使企业感到学校对它的重视;同时,关注企业的发展变化,并及时给予信息回应,如企业开发了新产品、任命某一负责人,学校及时予以祝贺;企业遇到困难,积极帮助解决。二要重视相关人员的相互交往。交往产生感情,升华彼此关系。如学校经常走访校企合作的相关人员,定期或不定期召开有校企合作相关人员参加的座谈会,讨论解决合作办学中存在的问题;节日上门慰问,特别是教师节,让专家委员会成员、特聘教授和兼职教师享受与本校教师一样的待遇。三是经常征求校企合作相关人员意见,诚恳接受并积极改进校企合作工作。四要按照以人为本的原则充分尊重与校企合作相关人员的劳动,关心其疾苦,帮助他们解决所遇到的困难和问题,使他们切身感受到自己是学校的一员。一旦企业的相关人员对学校及校企合作工作产生了感情,校企合作就有了稳固的基础和较高的质量,高技能人才培养也就落到了实处。[①]

二、产学合作长效机制组织系统分析

(一)核心层

高职院校产学合作组织系统可分为核心层和相关层。核心层就是高职院校和企业。

1.高职院校

高职院校作为产学合作的核心层,对产学合作的长效机制建设也起着关键的作用,具体表现为以下三个方面。

第一,为企业的发展提供人才保障。学校可以根据企业发展的需要,调整教学培养目标,培养出适合企业发展的人才,并且可以根据企业的需求及时调整教学计划,安排学生到企业中实习,更好、更快地适应企业

---

①侯伯军.大学——产业合作及其对产业创新绩效的影响研究[D].合肥:中国科学技术大学,2019:11-19.

的情况,符合企业的要求。

第二,为企业的发展提供技术支持。企业的技术发展日新月异,好的技术可以对企业的发展起到至关重要的作用。但是企业在追求新的技术过程中,可能缺少知识层次较高的研究小组,这时企业就可以与高职院校进行合作,由企业提供资金援助,由高职院校提供学者保障,共同建立科研小组,这样,企业就可以获得新的技术支持。当然,这里的技术支持还包括管理思想、管理理念等。

第三,可以为企业提供培训教师,负责企业员工的培训。培训是企业必不可少的内容之一,开展校企合作,可以使企业与高职院校进行交流,聘请高职院校的技术教师到企业中来,负责员工的培训,这样,高职院校的教师可以从专业的角度出发,提高培训质量,使得企业的员工更加胜任自身工作,提高劳动质量以及劳动效率,为企业的发展起到推动作用。

2.企业

职业教育的社会性、职业性和应用性的本质特性决定了其应面向市场和企业,以培养应用型、技术型、复合型人才为己任。因此,要求职业院校在办学过程中以服务为宗旨,以就业为导向,突破"学科型教学模式",重视学生的综合素质、专业技术和实践技能。其中,最为核心和最具特色之处便在于教学与实践相结合。作为产学合作的运行主体,企业在此过程中发挥着必不可少、无可替代的重要作用。主要有以下几个方面。

第一,提供资本支持,包括货币资本和物质资本。我国职业教育实行在政府统筹管理下,依靠行业、企业、事业单位办学和社会各方面联合办学的模式,但企业在成本分担上所起的作用却极为有限。目前我国高职教育发展资金匮乏,并且主要由政府和个人承担。而在国外,职业教育员工培训制度都是有经费投入保障的。如美国企业界如今比以往任何时候都投入更多的资金用于员工的教育。

第二,提供实训实验教学基地。企业拥有生产场地、生产设备以及具有丰富实践经验的专业技术人员和高技能人才,能够给予学生多方面的指导。学生在此不仅能培养技术能力,应用理论知识解决实际问题,而且还能受到企业文化的熏陶,增强企业道德、心理素质、诚信意识和服务意识。

第三,传递市场需求,提供信息。企业作为市场中的经济实体,掌握更多的市场需求和信息动态,企业与学校进行项目合作,接受学生实习,帮助学生进行毕业设计,使职业教育的培养更有针对性和目的性。

第四,职业院校教师进修、再学习的基地。企业提供给高职院校的教师到企业参观学习、锻炼的机会,在企业中接受继续教育。这是建设具有较强专业实践能力和工作能力的"双师型"教师队伍的重要保障。

因此,产学合作核心层中企业与高职院校不是独立的个体,二者之间是相互整合、密切联系的。

（二）相关层

分析产学结合的成功范例,不少是由一些偶然因素促成的。比如校长来自主管企业的政府部门、学生家长是某一企业的老总等。偶然也好,必然也好,合作双方之间必须存在一条将"产"与"学"即企业与学校联系到一起的纽带,关键是如何寻找这条纽带并充分发挥其作用。

1. 政府

在各种纽带中,政府的作用是最直接、最有效的。在目前的情况下,学校大都是政府投资,政府直接代表学校的利益。政府应在法律上制定鼓励产学合作教育的政策法规。比如对为学院提供教育环境的企业减免某些税收,在设备与产品进出口、土地使用与租赁等方面予以支持。在这种情况下,由政府做"红娘",产与学的"联姻"自然水到渠成,这种例子应该很多。比如由深圳市经贸局出面,深圳职业技术学院与电子、机械制造、家具、珠宝等行业协会及会员单位建立起合作关系,建立起相关专业的实践教学基地,几年来运行良好。政府在产学合作中发挥的作用如下。

第一,政策制定。宏观调控在市场经济社会中,从执政和管理的角度,政府应发挥其调控角色的功能,在促进产学合作方面,政府的作用主要是总量平衡、结构调整、监督和引导,利用经济杠杆,制定特定的政策和采取一定的措施来推动企业和职业院校双方开展合作,从而取得宏观的经济效益和社会效益。例如,政府鼓励行业、企业制定发展职业教育的政策措施,为企业参与工学结合、产学合作提供良好的政策环境,对接受学生实习的企业给予相应的税收优惠。按照国家有关规定,可以将企业支付给实习学生的报酬以及相应的实习投入计入生产成本,予以税前扣除。鼓励企业将按照国家规定提取的教育培训经费用于实习的支出,计入教育培训经费总额等,积极研究制定对开展"产学合作"的企业实行税收减免以及政策和银行贷款上的支持。对于职业院校而言,各级政府和教育主管部门积极贯彻落实全国职教会精神,要求各类职业技术院校实施"双证制""工学结合""半工半读"等学习形式,积极推行国家职业资格证书制度,先培训后就业。此外,各级人力资源部门大力开展岗前培训,积极实施劳动力准入制度,密切职业院校与企业的联系。

第二,组建中介机构,提供公共服务。"政府—院校—企业"三者交融处称为"共生体"。共生体独立于三者之间,又融合在三者之中,共生体的具体形态就是市场的中介组织,如各种行业协会、劳动仲裁机构、职业资格认证机构、律师及会计师事务所以及专门针对产学合作的评估机构等。这些机构作为政府职能的延伸,可以代替政府履行特定的职能,能为产学合作的双方提供良好的发展环境和互利互惠的激励机制。中介机构作为第三方,其任务是为双方提供公共服务,为产学合作中的公共产品——毕业生提供就业机会和社会保障。同时,也为产学合作提供监督、评估,使政府工作重心转移,在职能上从微观向中观和宏观转移,微观上放松,宏观上抓紧,从而催化校企双方长久和稳定地发展。

第三,建立科学的评估机制,为产学合作提供监督和保障。产学合作持续健康发展需要建立一套科学合理的评价机制,产学合作涉及职业院校和企业双方,他们分属不同的管理类别,政府在监督和保障产学合作时,必须建立起一套完整的评估指标体系,使产学合作能健康、稳定和长久地开展下去。由政府牵头,行业主管和教育行政主管、院校、企业、社会和学生及其家长都应参与,共同制定出产学合作的评估考核指标体系,考核指标应有"软"的指标,包括培养人才的质量,管理的科学化程度等;也有"硬"的指标,如合作双方培养人才的数量、效益,合作企业的成本、收益等,只有通过有效的评价机制,才能够检验产学结合形式的正确与否、效果好坏、效益高低及成熟度等。评估的方法可采用分项评估、分类评估、合作条件和合作效益评估、观察分析、调查座谈及抽样调查等方式对产学合作的目标、过程、效益环境及质量进行定性和定量的评价和监督。对产学合作的评估应体现以下基本原则:产学合作为社会服务、为学生全面发展服务的方向原则;反映客观规律和事物本质的科学性原则;反映事物本来面目的客观性原则;能够量化的可测性原则。合理的评估体系指标对产学合作的双方既是一种监督和约束机制,也是促使双方以合作促发展的激励机制,使产学合作不断步入正常运行轨道。为保证评估的公开、公正和权威性,政府可指派和授权第三方具有权威性的社会评价机构实施评估,如中介机构、专门的评估组织等。政府、高职院校、企业以及社会都应该了解评估工作的全面情况,评估的结果应定期向社会公布。政府可根据评估结果决定对产学合作双方实施奖励或惩罚。

2.行业协会

作为企业自主组织成立的行业协会,直接为全体会员服务。由于行业协会直接代表会员单位与外界沟通交流,其信息更为丰富、思路更为开阔。行业协会熟悉本行业的具体情况,从行业发展出发,对与高等院校的合作有着敏锐的认识,能站在更高的位置考虑问题,对企业具有特别的影响力与说服力。

3.专业管理委员会

由企业高级技术人员与管理人员及学校专业人员组成的专业委员会(或专业指导委员会等类似组织)本身就是校企合作的产物。专业委员会一头联系行业与企业,了解行业和企业的现状、资源、愿望与需求;另一头联系学校,参与专业规划与建设,了解专业的需求,可以从不同的切入点促成学校与企业两个不同利益诉求的主体为了共同的利益建立起合作关系。在我国高职院校中,专业委员会为校外实践教学基地的建设发挥了重要作用。

4.学生（校友）

学生是一个很大的群体，包括在校生和毕业生。能为学校做有益的事情，是他们的骄傲。不少在校生的家长或在政府机关任职，或自己办厂当老板，或是企业的股东，或是企业的主要经营者，通过学生家长的作用可以搭建学校与企业沟通的桥梁。已经毕业的学生，直接进入企业，几年以后不少人成为企业的骨干，他们既熟悉学校的情况，又了解企业，对校企合作充满热情。在广州、深圳、上海等经济发达地区，一些自己创业的高职院校毕业生已小有成就，他们本身就是校企合作的良好伙伴。

应该说，能成为校企合作纽带的，绝不止上面所列的几种。比如学校领导、教师、员工，他们或通过他们都可能搭建沟通学校与企业合作的桥梁。

（三）核心层和相关层相互关系

长期以来，职业院校和企业一直是相互无关联的两个独立系统，整个职业教育过程脱离经济、脱离生产、自我循环、自我服务。随着人类社会进步和生产力发展的需要，双方出现了交流、互动与耦合，形成一定的合作关系。在耦合阶段，职业院校和企业都扮演双重角色。职业院校扮演企业角色，体现在帮助培育新技术，将技术转化为生产工艺流程，进行知识的再生产，组建产学研发中心；企业扮演职业院校角色，表现为积极开展培训和科研，于是在职业院校和企业之间逐渐出现代理和替代，相互依存，形成院校—企业双重关系的合作。

但是，仅仅靠职业院校和企业两者之间的利益耦合，对于维持院校—企业长期和稳定的合作是远远不够的。双重关系是一种游离的不稳定的结构。这是因为合作双方更多是从自身的利益考虑，而把社会责任和义务放在从属地位，不能长久和持续发展。因此，需要政府作为第三方进行监督、协调和政策上的保证。在经济社会中，政府既是职业院校和企业的举办者和管理者，又是院校—企业双方实现合作的重要保障和黏接剂。政府可以扮演企业的角色，通过资助和制定一些管理政策来支持企业的发展和开展产学合作；同样，政府也可以扮演职业院校的角色，通过制定符合社会需要的教育方针和评估指标体系来规范职业院校的发展和促进产学合作。因此,互利的、互补的、稳定的、长期的、新型的产学合作关系,应是政府、院校、企业共同参与的"三重关系模式",国内外许多研究称其为"官—产—学"三重关系。三重关系表明了政府、职业院校和企业在产学合作中是相互依存的关联体,若用函数关系来描述三者,则政府、企业、职业院校分别表示函数的自变量,而产学合作的结果就是因变量。值得注意的是三个变量并不是平行的,而是相互耦合和螺旋上升的,其中政府这一变量对函数结果的影响尤其明显。政府的加入,使职业院校和企业的合作呈现出稳定的状态。

第三节 构建产学合作长效机制的策略

一、学校视角

学校参与合作的主要目的可以归纳为以下几个方面:①运用企业的实践活动为科学技术课程注入活力。②改变学生对工作的认识。③鼓励学生对科学技术生涯的追求。④为学生理解工作责任做准备。⑤帮助学生提高技能、建立自信心。

社会赋予高职院校的职能决定了学校与企业联系紧密,高职院校要成功办学不仅要积极寻求企业的参与,同时也要不断提升办学质量,主动为企业进行全方位的服务。产学合作教育的产学双方都是办学主体,学生要靠学校与企业两个育人环境来培养,学校与企业对学生的质量都要负责,但产学合作教育研究的是教育,是人才培养问题,而企业搞生产经营才是本行,这就决定了学校在长效机制产学合作教育中应始终处于主动地位,要主动站在企业的角度观察、分析、处理问题,主动适应企业的要求,想企业所想,急企业所急,只有这样才能真正调动企业参与合作办学的积极性,保持产学合作教育的可持续发展。

主动为企业培养所需人才。为企业培养、输送实践能力强、综合素质高的合格人才是高职院校对企业的最大贡献,也是应尽的基本职责。要使培养的人才适应企业需要，学校就要摆正位置，主动深入企业，了解企业所需人才的知识、能力、素质结构，找准办学方向，并以此为基础确定培养目标，制定合适的专业人才培养计划和课程体系。专业计划的制订、教学计划的安排、教材的编写与讲授以及学生学业成绩的评价等，应尽可能地邀请企业中实践经验丰富、理论知识扎实的同行参与，使学生在合作教育实践中理论知识得到巩固，实践能力得到提高，整体素质符合企业的需要，真正成为毕业就能上岗的企业所需的"职业人"。

主动为企业开发新产品、应用新技术和新工艺提供支持与服务。企业以获取最大利润为目标，除产品质量外，创新是企业发展的一条重要的生命线。但企业通常忙于生产而无暇顾及人才与技术的储备，学校则可利用自己在这方面特有的优势，弥补企业之不足，为企业的产品更新与技术创新服务，此举定会深受企业欢迎，提高企业参与产学合作教育的积极性。

针对企业实际需要，主动与企业联合开发研究课题。针对企业在生产、管理、工程项目当中遇到的难以解决的技术性问题，学校可以充分利用自身的科研优势，积极主动地同企业工程技术人员就该问题进行课题研究，一起攻克生产技术难关，借助科研成果为企业改进技术设备和生产流程，为企业生产节约成本、赢得利润。当然，学校也可通过此举提高教师的学术水平，增加科研的针对性，加快科研成果的转化，赢得更多的资金投入。

主动开设各类讲座，为企业员工培训提供服务。学校可以利用自身的信息优势、智力优势、技术优势，为合作企业员工开设有关企业经营管理与生产技术方面的知识讲座，传播新思想、新信息、新技术、新工艺。同时也可开展各类培训性讲座，如可以对企业的工程技术人员进行知识更新培训，对生产、专业技术人员进行岗前培训，提高企业人员的认识、技术与管理水平，增强其素质和适应性，帮助企业营造科技氛围与学习环境，增加企业的竞争力。

在合作企业建立技术咨询室，主动做好技术咨询与服务工作。学校可以利用自身的智力与技术优势在合作单位建立技术咨询室，选派高水平教师轮流驻企,做好技术咨询与服务工作。这样不仅可以随时为企业排忧解难,密切校企关系,也可以使学校更加了解企业第一线的用人、生产与技术应用情况,并据此调整教学计划,补充新知识、新技术,保证教学内容的先进性与时代性。

主动为合作企业开展义务宣传活动。学校可以在多种场合,通过多种渠道宣传合作企业先进的理念、优质的产品、良好的信誉等。具体有如下途径:①学校与合作企业联合教育培养高素质人才。②教师通过产学合作教育取得各类科研成果,如撰写的著作、科研论文与研究报告等。③在学校自办公开发行的各类刊物上介绍企业。④开展各种与开放式产学合作教育相关的知识讲座等①。

二、企业视角

企业指依《中华人民共和国公司法》或《中华人民共和国企业法》成立的从事生产、服务等活动的经济上实行独立核算的营利性法人。企业为社会提供的是产品、劳务和服务,并依法取得法人资格,能对外独立享有民事权利和承担民事义务。与之相对应的企业参与合作的主要目的是:①使学生更广泛地为工作做好准备。②建立学校与企业的培训联系。③获得政府的支持。④引进更多杰出的毕业生。

在产学合作长效机制的具体实施过程中,学校与企业在教育全过程、各方面的全面合作中实现"你中有我,我中有你"的双赢机制。合作形式富有弹性,学校教育由此具有开放性、柔性化。企业利用学校教育资源,改善员工和管理质量,形成优势互补。以企业需求为导向确定教育目标;以工作过程为导向改革教学组织形式;以互惠互利、优势互补为导向利用企业教育资源,并在形式上不断进行有益的尝试,达到双方利益的最大化。

产学合作的长效机制如果没有企业的参与,学校自己闭门造车,制定出的专业人才培养计划和课程体系很难满足企业的要求。企业的参与,不能简单地停留在校企联谊、企业资助的层面上,也不能只是单纯地为

---

① 于响生. 地方高校产学研合作模式及运行机制研究——以绍兴文理学院为例[D].杭州:浙江工业大学,2011:22-27.

学生安排实习与就业,而是要全程参与学生的培养过程。只有这样,产学合作教育才能走向深入,培养的人才才能真正满足社会与企业的要求,达到产学合作长效机制教育的目的。

（一）参与专业人才培养目标的制定

高职院校培养的人才具有很强的针对性,主要是面向企业的高技能应用型人才,因此在专业培养目标的制定上企业有很大的发言权。高职院校在申报与设置某一专业时,第一要考虑并主动适应当地经济发展的需求,了解行业、企业与社会对人才的需求及其发展变化;第二要深入行业、企业及政府相关部门进行调研,了解该专业人才需求的大致情况;第三要成立企业专业顾问委员会,广泛征求有关行业、企业专家的意见,商讨人才培养规格、确定专业培养目标,即学生应达到的知识、能力与素质标准。

（二）参与专业教学计划与课程体系的设计

专业教学计划与专业课程的设置是否合理,直接影响到人才培养目标的实现与人才培养的质量。专业人才培养目标的实现最终要通过教学计划的制订与相应课程的实施,这是保证人才培养质量的重要一环。因此,学院各专业在制定和修改专业教学计划与课程设置时,都应及时召开各专业顾问委员会议,听取来自行业、企业的专家的意见和建议,让其与学校专业教师共同负责专业教学计划的制订、实施、检查与调整。专业的课程设置、实验安排、实训实习次数及时间的确定、考试的组织与毕业设计的要求等都应由校企双方共同研究决定。为了适应合作企业的特殊用人需要,在校企合作教育实施过程中通常需要开发新课程,如有关企业文化、企业管理、企业项目的课程等。该课程与教材的开发方案、具体内容及教学过程等也都应有企业专家参与。

（三）参与实训、实践教学

实践教学场地分为校内和校外两种,学生在企业实际工作岗位的真实性、复杂性与综合性的经历和体验,是培养学生职业技能与职业素质不可缺少的环节。因此合作企业应义不容辞地为学校提供校外实训基地,使学生深入企业,结合实际真刀真枪地进行顶岗技术培训。并且选派有丰富实践经验的企业工程师为实习指导教师,将生产第一线的新技术、新工艺充实到实践教学中,培养学生的职业技能。参与教师培训。有数据表明,80%以上的高职院校教师来源于普通高校,理论知识扎实而实践能力不足,需要通过补缺培训才能上岗。科学技术的迅速发展使来自企业的一些教师已经跟不上时代的发展,需要学习新技能与新工艺,这些都需要企业的支持,而且也只有通过企业才能更好地将生产与教学结合起来,使学生更有效地接触新知识。因此,企业应允许高职教师通过顶岗挂职等形式参与生产、管理实践,提高实践能力。

三、政府视角

政府,又称国家行政机关,是指依法成立的负责执行国家行政工作履行国家行政管理职能的机关。政府在产学合作中有一定的领导、组织、导向、服务、协调作用。某些方面,政府还要承担一定的规划、扶持和保障作用,是产学合作中不可忽视的主体要素,有时还起到举足轻重的作用。

在产学合作长效机制建设中,政府是不可忽视的主体要素。它可以采取的手段除了资金投入之外,还可以制定相关的行政法规、政策等,以及运用法律、财税等手段对产学合作进行宏观调控。政府可以通过一定的措施来保证积极参与合作一方的利益,增加参与合作的积极性,从而一步步增加合作双方的信任程度等。除了引导参与联系的各个方面采取合作的态度外,它还可以采取措施增加各方在合作时所取得的收益函数,从而反过来进一步调动各方的积极性。

四、建立产学互利互惠、效益良好的长效机制所需要的条件

(一)法规条件

各级政府要从实际出发,研究产学合作的政策措施,同时借鉴发达国家推进产学合作的成功经验,发挥政策在宏观调控上的引导推动作用。根据产学合作的实际情况,从调动产学合作各方积极性出发,在利益分配、税收信贷、职称评定以及知识产权等方面,结合已颁布的政策法规,制定更为具体可行的实施细则,以调节产学合作各方的利益关系。在制

定有关法律时,如《中华人民共和国企业法》,要有明确的条文规定生产条件先进的企业有为教育服务的责任和义务。同时,通过制定一些优惠政策,吸引企业参与合作。如对参与产学合作的企业,可根据接受学生的数量和消耗企业材料的费用,享受一定的减免税政策等,设置产学合作教育或训练设施的企业,可依照其土地、建筑及设备费用等给予优先融资或低息贷款,对于办理产学合作绩优的企业,政府亦应予以特别的表扬和鼓励。

(二)合作双赢机制条件

产学合作是高职院校、企业之间的合作、优势互补的自主行为,具有自主性和互利性的特征,所谓自主性是指学校、企业都有权决定何时何地以及以何种方式进行合作教育。互利性是指在市场经济条件下,企业和学校都是独立的利益主体。企业以赢利为目的,而学校是培养人的机构。产学合作长效机制的目标是双重的,即造就高素质人才和促进生产的发展。所以只有坚持互惠、互利、互补,尊重双方利益、满足双方需要,才能使产学合作教育走向可持续发展的道路。

因此,在产学合作长效机制建设中,应该首先明确合作双方所承担的义务和职责,并以此为基础考虑到各方的权益,并在运行条件发生变化时做出必要的调整,找到双方在利益范围内的平衡点,构建适应社会主义市场经济体制的优势互补、相互支持、利益同享、共谋发展的互动双赢机制。

(三)企业主体地位条件

现阶段,我国高职院校更多的是提高学生的操作能力和岗位能力,乃至降低由于校内实训基地建设的办学成本。当前就业形势严峻,企业如果没有直接的利益回报,则会认为没有必要投入大量的人力和物力从事与他们经营关系不大的学校培训工作。因此,必须在制度安排上强化企业、行业在高职教育与培训的管理、评估上发挥主体地位的作用。企业自身也要认识到产学合作是提高企业竞争力、赢得市场获取利润的基本途径之一,积极制定产学合作的措施,主动寻求产学合作的有效途径。

(四)计划与组织条件

为了提高产学合作长效机制的效能,政府可以考虑成立产学合作协调办公室、产学合作指导中心,负责全面指导产学合作工作;高职院校也应成立相应的主管本校产学合作的机构。这些机构应该具备以下职能:第一,广泛调查,寻求产学合作的对象,有计划有目的地为产学双方做好穿针引线的工作,并提供必要的服务;第二,对学院的科研能力、学科优势以及地区企业更新技术情况进行调查研究,为产学双方提供咨询与参考;第三,对合作项目进行跟踪,协助合作双方及时解决合作过程中出现的问题,协调矛盾;第四,对产学合作开展研究工作,并在实践的基础上进行总结,不断提高指导水平;第五,制定本地区和本校的产学合作的长期和短期规划,提出实施方案并逐步落实。

(五)科技创新与技术服务条件

院校以培养生产、管理、服务、建设一线的高级技术人员为主要任务。产学合作长效机制是高职院校完成这一主要任务的重要途径,但调查结果显示,高职院校仍将教学培训作为其主要任务,科技创新与技术服务的能力比较薄弱,科研条件有限,科研师资不足,很难承担技术服务的重任,造成高职院校在科研合作中缺乏竞争力,企业宁愿花费更多的资金寻求与大学的合作。因此,高职院校要采取措施不断提高自身的科技创新和技术服务能力。如培养"双师型"教师、减轻教师的教学负担、鼓励教师积极投入科研活动等。

五、建设适应产学合作长效机制的实验实训基地

随着高职院校的发展和社会对人才需求的变化,仅靠校内实训基地已难以满足实训教学的需要,各专业要逐步建立满足本专业教学基本需要的、在学生实践教学中能够真正发挥作用的校外实践教学基地,高职高专院校必须通过多种途径与企业建立合作关系,从知识型高技能创新人才培养的高度规划校企合作,建立长效合作机制,校企在合作模式上形成新突破,形成全方位的校外实训网络。

（一）实训基地建设的要求

校内实训基地是实践教学环节的主要场所,其主要是对学生进行专业岗位群基本技术技能的训练,院内实训基地的建设,要紧密结合当地社会和经济发展对应用型人才的培养需要,从实训教学的特点和规律出发,根据不同的用途和功能,进行可行性科学性的分析和调研。要有一定的前瞻性和规模,有配套的设备设施;要模拟生产、建设、服务和管理工作一线的情境,形成仿真的职业氛围;要突出理论与实践的结合,强化技术应用和操作技能的训练。建立校外实践教学基地,既要有名有实,又要注意过程管理,积累资料。同时,建立校外实践教学的企业导师队伍,在各个教学环节中发挥他们的重要作用。

建立政策导向与职能部门的推动机制。实行产学合作教育,鼓励企业提供稳定的实习基地,不能只由学校来推动,必须在国家政策导向、舆论宣传及政府主管教育等职能部门领导下才能正确实施。几年来,教育部及各省、自治区、直辖市教育职能部门对开展产学校企合作教育高度重视,已上升到一定的理论高度,在政策上予以相当程度的重视。先后召开了三次全国高职教育产学研结合交流会,地方教育职能部门也积极推动学校与企业开展合作教育,取得了良好成效。在近几年的教育教学质量评估工作中,产学合作都是高职院校评估的重点检查内容,因此在政策及舆论导向上形成了强有力的推动机制。

对于产学合作良好、提供校外实习基地效果好的企业,政府部门除了予以宣传表扬奖励外,还给予多种政策优惠。这样,企业在合作教育提供联系紧密的校外实习基地方面更加积极主动,这样在政府、学校和企业三方共同努力下,合作教育将深入教师、企业职工的心中,对以后一系列工作的开展将奠定良好的基础。

（二）实训基地建设的保障

实训基地建设应具有以多种形式合作机构为载体的保障与管理机制,在这两个机制基础上,学校要与企业组织起机构健全,管理层次清晰,分工明确,组织成员具有权威性、代表性的合作组织机构,它是保证双向介入产学教育实施和良好发展的重要因素,当然也是建立校外稳定实习基地的重要保障。成立以行业、企业的专家为主体的校级产学合作教育委员会，系级成立专业教学指导委员会，制定委员会章程，明确委员会职责、权利，负责研究行业与专业发展要求与趋势，确定人才培养目标，确定专业的知识和能力结构，协调管理校内外的实习与上岗训练，开展科研与培训，推荐毕业生等，开展合作教育管理，每年定期召开会议研究每年的重点合作教育内容。也可以合作成立省、市级的专业科研协会开展活动、促进交流。高职院校应从体制上、组织机构的设立上保障校外实习基地的运行和管理，做到有章可循、有据可依，要求发挥好这一机制。还要不断做好各机构的软、硬件建设，使之发挥高效、快捷的功能，为校外实习基地建设提供良好的运行机制。

（三）实训基地建设的措施

产学合作长效机制需要建立相应的实训基地。关于长效机制的实训基地建设具体措施有以下几个方面。

1.从学校联系单位向学生自主寻找实习单位转变

高职院校可以汲取国外产学合作教育的成熟经验，突破传统的学生实习全部由学校负责联系企业的做法，将学校推荐与学生自找实习单位相结合。学生自主寻找实习单位后，可以打破校外实习基地建设的量化概念，利用学生与家长丰富的社会资源，扩大学校的实践教学基地资源，将整个社会作为学生的潜在实习基地，扩大学生实习的地理空间，解决学校实践教学基地资源不足的困难，同时为产学结合人才培养模式长效机制的建立创造有利的条件。

2.从传统集中实习向分散实习转变

高职院校通过学生自找实习单位，社会与家庭关系的介入，提高了企业接受学生的积极性，实习学生人数能达到企业可接受的程度，使他们实习期间的住宿、生活也易于解决。同时，可以变传统集中实习为分散实习，可使企业能够保证学生真正实现顶岗实习及相应岗位的轮换，可以较好地提高实习质量，并有利于学生今后的就业安排。

3. 从专业实践向社会实践转变

高职教育是以就业为导向的教育,产学结合应以此方针为指导,在产学结合的企业岗位选择中,要考虑学生的就业倾向,尊重学生对企业岗位的选择,使他们能够找到理想的实习单位。大量的企业调查表明,目前,用人单位非常重视学生的工作敬业精神、工作态度。可是目前大学生中独生子女居多,与前辈相比,他们社会经验缺乏,独立工作与生活能力偏弱。通过产学结合实践,可使学生了解社会、认识企业文化、感受生产劳动的艰辛。因此,在产学结合的实践中,除了要引导学生注重专业技能的提高外,还必须大力加强学生职业素质与职业道德的培养。即产学结合的实践要从注重专业技能向同时重视学生的职业素养转变,从重视专业实践向同时注重社会实践转变。只要学生能找到合适的实习岗位,并不十分苛求专业对口,可采用多样化的实习内容。

六、建设一支适应产学合作长效机制的"双师型"师资队伍

(一)"双师型"师资队伍建设的目标

在教师队伍的培养上,高职院校要把建设一支高素质的"双师型"教师队伍作为头等大事来抓。要把"双师型"师资队伍建设纳入学校发展的总体规划,注意选拔、培养学科带头人和中青年骨干教师,形成梯队,让他们在教学实践第一线挑重担。根据教师进修、培训、专业实践和挂职锻炼的需要,有计划地轮流派送社会经历不足的或有需要的教师进入企业生产一线实习锻炼,依托企业提高教师知识型高技能创新水平。

这就要求高校不能将教师培养成为纯学者型、教学型教师,而是通教学、通生产科技、通经济的综合性人才,既要有丰富的理论知识,又要有动手操作和科技推广能力,还要有经营能力和市场意识。只有这样,才能适应实践性教学的需要,才能培养出多能型的人才。

(二)"双师型"师资队伍建设的对策

1. 提高认识,制定规划

高职院校教育管理部门要充分认识到建设"双师型"师资队伍对高职高专人才培养的重要性。师资管理部门要把加强"双师型"师资队伍建

设作为一项战略性措施来抓,制定出"双师型"师资队伍建设规划和教师到生产单位实践的有关制度及实施办法,做到队伍建设有计划、有落实、有检查。同时制定有关配套的激励机制,在酬金发放、职称晋升、岗位聘任等方面向"双师型"教师倾斜。

2. 重视培养,发挥现有师资的潜力

第一,培养一批专业带头人。专业带头人与高等院校的学科带头人有很大差别:学科带头人侧重于学科理论水平,而专业带头人重点是指导和从事专业建设(包括专业课设计、实践实习室和生产实习基地建设等)及专业教学教研等,专业带头人是"双师型"教师中的优秀者,应负责本专业"双师型"教师的培养。

第二,安排专业教师到社会第一线进行专业实践工作。学校要重视在生产、建设第一线的企业和科技推广单位中建立培养基地和产学合作关系。每个专业至少要选择一个校外产学合作单位作为教师实践、学习的锻炼点。要求专业教师,特别是缺乏专业实践的青年教师,都必须到对应单位进行专业实践的锻炼,在实践中开展行业或专业的社会调查,了解自己所从事专业目前的生产、技术、工艺、设备的现状和发展趋势,以便在教学中及时补充新的教学内容;选派一些有培养前途的中青年教师到这些产学合作单位去从事实际课题研究工作,通过向有丰富实践经验的工程技术人员请教,在他们的帮助下提高科研开发能力,进而提高教学质量;与合作单位的技术人员和管理人员共同指导学生实训、实习。通过这些基层锻炼来提高专业教师理论联系实际的能力,丰富他们的实践知识和经验。当然也应加强本校生产实习基地建设,充分利用本校资源,使生产实习基地成为锻炼、培养专业课教师的摇篮和场所。

第三,大力推行科技服务与开发。学校应采取各种措施积极组织教师参与校外企事业单位的横向课题研究。通过这些项目开发可以促使理论课教师得到实际锻炼,使教师由单一教学型向教学、科研、生产实践一体化的"一专多能"型人才转变,即促使教师向"师型"发展。开展科技服务与开发活动,既加强了与生产科研部门的联系与合作,也为教师创造了生产实践和继续提高的机会与条件,帮助他们开阔眼界,了解市场需求,了解最新的科技动态和管理方法,弥补校内教学的不足,并能及时将新技术、新方法融入教学之中,从而加快教学内容的更新和教学改革的深入,提高教师解决实际问题的能力。

第四,鼓励教师取得相应的职业证书和技术等级证书。一方面,学校要合理调配教师资源,鼓励骨干专业教师攻读在职研究生;另一方面,为使专业课教师掌握专业技能,取得"双师资格",学校要鼓励教师参加本系统、本行业的培训考试,重视面向社会、面向专业的技术资格(如造价师、监理工程师、程序员、会计师)的获得,同时鼓励有关教师参加各种社会技能培训,考取相关技术工种证书,如钳工、汽车修理工等。

第六章 基于"制作习得"教法的课程创新研究

第一节 课程开发概述

一、课程与课程开发

(一)课程

"课程"作为一个教育术语极为常用,也是人们接触最早的教育术语之一,儿童在刚入小学甚至幼儿园就开始接触到作为术语的"课程"。对于绝大多数的人,讲到课程,似乎都清楚它指什么,然而关于课程的确切含义,绝大多数人也许能说上几句,但经常语焉不详。的确,要回答作为一个专业术语的课程是什么,需要专业基础。不过,即使在专业领域中,要提供一个有广泛共识的答案似乎也并不容易。

在汉语中,按照保存至今的典籍,"课程"一词最早见于唐代孔颖达的《五经正义》:"教护课程,必君子监之,乃得依法治也。"不过,从其含义来说,与现代课程的含义无任何相关。到了宋代,大学者朱熹的《朱子全书·论学》中多处出现了"课程"一词,如"宽着限期,紧着课程""小立课程,大作功夫"等。究其含义来说,有"功课及其进程"的含义,与课程的现代含义有所接近,但不大常用。直到清末,科举制度废止,新式学堂兴起之后,"课程"一词才逐渐普及,作为一个教育术语飞入寻常百姓家。

在英文中,英国实证主义哲学家斯宾塞最早使用了"课程"(curriculum)一词。从词源看,curriculum源于拉丁语 currere,原意为"跑道"(race course),因此课程被定义为"学习的进程"。不过,也许将课程的词源定位于 currere 的名词含义"跑道"一开始就出现了偏差,因为 currere 还能作为动词,意为"奔跑",重在"道上跑的过程"。后世关于课程含义的争论也许能在这里找到渊源。

时至今日,美国学者博比特《课程》一书的出版,也就是说课程论成为一个专门的领域,"课程论"似乎已成为一门科学,但"课程"尚未成为一个科学术语,而是众说纷纭、见仁见智,但是有太多解释和观点的术语。甚至有学者说:"课程是一个用得最普遍但却定义最差的教育术语。"以下是两个文献来源对课程含义的概述。

第一,美国学者奥利弗的总结:①课程是在学校中所传授的东西。②课程是一系列的学科。③课程是教材内容。④课程是学习计划。⑤课程是一系列的材料。⑥课程是科目顺序。⑦课程是一系列的行为目标。⑧课程是学习进程。⑨课程是在学校中所进行的各种活动,包括课外活动、辅导及人际交往。⑩课程是在学校指导下,在校内外所传授的东西。⑪课程是学校全体职工所设计的任何事情。⑫课程是个体学习者在学校教育中所获得的一系列经验。⑬课程是学习者在学校所经历的经验。

第二,《国际课程百科全书》的总结:①课程是学校为了训练团体中儿童和青年思维及行动方式而组织的一系列可能的经验。②课程是在学校指导下学习者所获得的所有经验。③课程是为了使学生取得毕业资格、获取证书及进入职业领域,学校应提供给学生的教学内容及特定材料的总体计划。④课程是一种方法论的探究。⑤课程是学校的生活和计划一种有指导的生活事业;课程成为构成人类生活能动活动的长河。⑥课程是一种学习计划。⑦课程是在学校指导下,为了使学习者在个人的、社会的能力方面获得不断的、有意识的发展,通过对知识和经验的系统改造而形成的有计划和有指导的学习经验及预期的学习结果。⑧课程基本上包括五大领域的训练学习:掌握母语并系统地学习语法、文学和写作;数学;科学;历史;外国语。⑨课程是关于人类经验的范围不断发展的、可能的思维方式——它不是结论,而是结论产生的方式,以及那些所谓真理的结论产生和被证实的背景。

鉴于此,我们尝试对课程的确切含义进行界定就显得有些不切实际了。但这不妨碍我们为自己的需要对课程的含义进行规定。我们是在"课程开发"的语境中讨论课程的,课程是开发的对象,体现为开发出来的"产品",包含更多名词性的"跑道"意味,而较少包含动词性"奔跑"的意味。我们讨论课程是期望我们的师范生能够提供这样的课程,得考虑便于师范生的操作,"经验""思维方式"之类的观念不具有操作性。由此,我们将课程界定为一种计划或规划,是为达成某种特定的学生发展目标而安排学习活动的计划。

(二)课程开发

在我国,课程开发的实践一直存在,但长期以来缺少对课程开发的探讨。现在经常讨论到的课程开发其实源于英文中课程开发中的curriculum development的翻译。在英文文献中,课程开发通常与"课程设计""课程编制"等术语混用。国内关于课程开发的探讨,主要源于"校本课程开发"的语境,崔允漷教授在其《校本课程开发:理论与实践》一书中对"校本课程开发"这一术语进行了解析,其中在讨论到"开发"时引用了《牛津英语词典》对development一词的释义:一项计划、方案的具体细节的确定或小说情节的完全展开,并据此将"课程开发"简单地界定为"课程计划的制定与实施",包括两种情形的课程开发:准备一项可操作的计划,以便去运用现有的教学大纲,包括教科书和教学材料的选择;编制一套教学大纲及其配套材料。《简明国际教育百科全书·课程》收录了"课程设计"词条,将课程设计解释为拟订一门课程的组织形式和组织结构,并认为其涉及两种层次的课程决策:广义的层次包括基本的价值选择,狭义的层次包括技术上的安排和课程要素的实施。

基于我们对课程的解释,我们将课程开发界定为制订课程计划或方案的过程。尽管课程的实施过程中一定会容纳"开发"的成分,比如,学校和教师在实施国家课程时经常有所谓的"二次开发",即对现有课程的选择、改造、重整等,但这些毕竟是在实施过程中完成的,属于计划或方案执行过程中的调整。从操作方便角度出发,我们将"课程计划的制订"与"课程计划的执行(含调整)"分开,将课程开发局限于前者。

课程开发发生于学校教育系统的多个层面,产生的成果或产品也会存在差异。可能发生在国家层面,其开发的成果包括国家课程标准、课程方案、教材等;可能发生在地方层面,比如一个省份的义务教育课程方案;可能发生在学校层面,产生的成果可能是学校课程规划;也可能发生在教师层面。如果教师面对的是现成的课程,其开发活动更多指向对现成课程的调适,产生的成果可能包括教案之类的产品;如果没有现成的课程可依据,教师就需要制订新的课程规划方案(新编),产生的产品就是一门课程的规划方案。[①]

二、基于"制作习得"的高职院校线上项目课程开发

(一)项目课程的内涵

高职教育的项目课程是指在教学过程中,在教师指导下学生通过团队合作完成一个完整的项目而进行的教学活动。项目是指生产一件产品或一个完整工作方案的任务。项目课程的基础是学习任务,这个任务要具有完整的工作过程,能将理论和实践技术能力结合在一起。任务引领型课程或者任务先导课程,是以职业具体工作为中心组织课程内容,引领知识和技能的学习,养成职业素质,让学生在完成工作任务的过程中学习相关知识,训练技能,发展职业综合能力。通过工作任务实现理实一体化,以及理论学习与技能训练的融合。职业教育项目课程主要特点:第一,项目课程可作为课程体系的局部课程而存在,也可作为课程体系的主体模式而存在。第二,项目课程以将任务和项目结合起来,作为课程模式的设计框架。第三,项目课程是理论教学与实践教学一体化的课程模式。第四,项目课程是以在"做中学"为常规学习方式的课程模式。第五,项目课程以项目活动为主要学习方式,在一定的情境中完成完整的工作过程和学习,通过理论与实践结合,获得一定的知识、技能和经验。

(二)项目课程中项目与任务的关系

早期职业教育中的项目课程开发路径是:根据课程实施的需要直接选取项目,再依据所选取的项目确定要学习的内容,项目本身就是项目课程开发的出发点和最根本依据。现代职业项目课程是在任务课程的

---

①李臣之.校本课程开发[M].北京:北京师范大学出版社,2015:71-76.

基础上发展而来的,它的提出试图弥补任务课程在当代职业情境中的缺陷。项目中能体现任务的内容,而任务是对项目中活动的共同要素概括的结果。这种项目课程开发的出发点不是项目而是任务,项目是在任务确定的基础上根据需要进一步确定的。

(三)制定三级培养目标、核心能力及能力指标

课程开发由课程教学目标、课程教学内容、课程实施和课程评价四个环节组成,成果导向教育理论要求课程开发者选取一种课程设计所运用的方式,依据课程目标及课程内容性质,采用不同的课程设计模式,运用多元评量方式,提升学生学习成效。从内、外部需求出发,同步建立校级培养目标与核心能力、院级培养目标与核心能力、专业培养目标与能力指标,依据专业能力与能力指标调整专业课程体系,预期学生完成课程后可具备的知识、技能和素养设定教学目标,细化为更具体、易落实、可测量的能力指标。

(四)课程开发模式选择

经历了多年实践,多数院校通常采用能力本位(CBE)、CDIO、模块式教学(MES)、学习领域课程等课程模式。CBE是以能力培养为中心的教学体系。CBE课程开发模式的教学目标是要求学生具备一定的职业能力,课程大多侧重能力训练,一般都选择此模式。

CDIO代表构思、设计、实现和运作,它是以产品研发设计到产品运行的生命周期为载体,让学生以自发的、体验的、课程之间有机联系的方式学习。CDIO课程开发模式可用于教学内容以设计为重点的课程。MES课程强调以学员为中心、学习站为中心、技能为中心的模式,更加突出技艺、技术、技能训练,在训练内容设置和设计上,更加注重国际标准或职业资格、专业资质证书的考核标准。

(五)课程模块(子项目)的构建

1.课程模块(子项目)开发总体思路

第一,进行工作系统分析,对某一岗位需要完成的任务、活动过程进行分解,掌握具体的工作内容及必须具备的职业能力,参照分析数据进

行二次开发。第二,重视能力的培养与提高,突出对职业能力的训练。第三,将项目细化分解为若干子项目,作为项目课程中的学习单元。

2.项目课程的内部结构

第一,项目在结构上要以行动学习任务为中心,项目和子项目都要有明确的学习目标和学习任务,打破原有学科式知识体系,将原有的知识点进行整合,将知识点融入任务中,使课程具有更贴近完整工作过程、更具可测量性等特点,任务难度呈梯度递进式,难度层级逐渐提高,以典型工作任务和真实工程项目案例为依托,形成学生的学习任务。第二,实践性知识是用来完成任务的步骤或程序,主要解决"做什么"和"怎么做"的问题,技术理论知识主要促进高职生对实践知识的理解和领悟,帮助形成综合职业能力。

3.项目内部理、实知识的整合

第一,以项目或模块(子项目)的行动化学习任务为核心,突出实践知识,设计任务将理论与实践融合成一体。第二,科学合理设置项目或模块(子项目),项目或模块(子项目)以工作任务为导向,贴近生产实际,可以按任务型课程组织教学。第三,模块(子项目)设置不宜过大,对于较大的项目可以分解为若干模块(子项目),每个模块(子项目)一般为4学时。第四,每个模块(子项目)都应有侧重点,按照全部项目的逻辑关系,可以解决规定的目标。

(六)评量方法

成果导向教育采取达成性评量方式,聚焦学习成果是否已达成。采用多元评量系统,根据学生个人所能达到的能力程度进行针对性评量。多元评量不仅需要教学活动结束后的结果评量,也需要教学过程中的形成性评量,通过重视"过程"而促进"结果"的提高,评量重心在于"过程"。多元评量更多地关注学生在各个时期的进步状况,注重综合评量,关注个体差异,实现评量指标的多元化。对于大多数课程,可以采用多元评量原则,以平时成绩、期中成绩、期末成绩为主体,考量学生的学习效果,并注重对学生口语表达的考量,构建立体化评量体系。

第二节 课程内容安排

一、课程内容选择

当一门课程的主题得以确定时,该门课程的主体内容范围也就大致确定了,然而,课程具体内容的确定要受多方面因素的影响,包括对课程内容的认识、设定的课程目标以及学生的需求和发展水平等。

(一)对课程内容本身的认识

课程内容,意味着期望学生在一门课程中学习的用来支撑课程目标达成的那些内容,简单地说,课程内容就是学生在一门课程中的学习内容。哪些东西可以成为一门课程的内容?对这一问题的认识是不断变化的,与人们认识水平的提高有关,也与社会生活的变化有关。在各课程组选择内容时,我们强调了对课程内容的两个方面的认识。

1. 课程内容不限于知识

长久以来,提及课程内容,人们马上会想到"知识"。这并不奇怪,因为在很长时间以来,知识的传授是学校教育的核心任务,而学校落实这一核心任务就是通过学校所开设的各门课程的教学。在分科教学成为学校教育的主流之后,课程等同于学科,课程内容也就成了学科内容,其主体就是人类经过长期累积而系统化了的分门别类的知识,尤其是自然科学、社会科学、数学和人文科学等学科中的经典知识。之后,有许多人将知识类别进一步细化,比如,美国教育家赫斯特用数学、自然科学、关于人的知识、文学与美术、道德、哲学、宗教等七种知识形式来回答"什么知识最有价值"这一经典问题;美国教育家泰克西纳把人类的所有系统化了的知识划分为互相联系的十二个领域,即艺术领域、信息的符号领域、物质能领域、生物学领域、心理学领域、社会学领域、未来领域、演进领域、调节领域(包括法学、政治学、经济学、管理学、行政学)、传播领域、探究领域(包括探究学、问题学、普通方法论等)、综合领域(包括哲学的、愿望的、普通系统论的三个类别)。

但随着人类认识水平的提高以及社会发展的需求,人们对课程内容的认识也在发生着变化,学科知识不再是课程内容的唯一来源。比如,在美国哲学家、教育家、心理学家杜威那里,学生的经验、生活就是课程内容的重要来源;英国教授泰勒系统地考察了课程来源,将课程来源分成三大类别:学科、学生、社会生活。课程内容的外延也得以扩展,如美国教育家塔巴将知识和学习经验纳入课程内容选择范围,美国地理学家、外交家马什则将课程内容选择范围扩展为知识、技能、价值和态度等。

在我国新一轮课程改革中,知识与技能、过程与方法、情感态度价值观主要被定位于课程目标领域,其实,从课程内容的视角来看,也可以说课程内容的选择范围从以往的知识技能扩展到三大领域。

上述关于课程内容的讨论仅仅是一般化的笼统的讨论,对于一门具体的课程来说,课程内容需要在不同的内容领域中做出权衡。总体而言,课程内容应该是多样化的,尤其是当课程被视为一个体系时。但特定的课程或许会特别关注某些特定的来源,比如,学校中的学科课程,其主要来源就是学科,尽管它也会涉及学科的思想方法等知识技能之外的领域。

总体而言,课程内容的选择与特定课程的性质、定位及目标有关。拓展性课程作为相对于基础性课程的一个课程类别,有它自己独特的定位,课程内容的选择必须考虑这种定位。尤其在小学阶段,拓展性课程主要包括体艺特长类和实践活动类,并不强调知识拓展类,因此在内容选择时更不应像以往那样以知识为主,而应当更多地考虑经验或者技能、过程、方法、情感态度价值观等。

2. 课程内容不限于某一学科

在课程理论中,课程按不同的分类标准经常有不同的分类,比如学科课程和活动课程,又比如分科课程与综合课程。一个好的课程体系应当保证不同课程类别或课程形态的适当均衡。

然而,如果拓展性课程在课程形态上与基础性课程没有差别,那么,这种均衡性是不可能实现的,整个课程体系依然是不均衡的。相对而言,基础性课程更多的是学科课程,是分科课程,相较于基础性课程和拓展性课程中的"知识拓展类"课程,更注重活动性、综合性,本质上属于活动课程、综合课程。既然在课程形态上不同于基础性课程,拓展性课程的内容也就应当不同于基础性课程的内容。其中的不同之一就是拓展性课程的内容不像基础性课程那样应局限于某一学科,而应当指向于多个学科的内容。拓展性课程更多是围绕着某个特定的主题来设计,一个特定的主题,哪怕是非常小的一个主题,也可能会涉及多个学科或者领域的内容。因此学校要求各课程组在选择课程内容时尽可能不要局限于某一学科或领域,而要从不同的学科或领域中选择适当的内容。

(二)课程目标的限制

从实际的课程开发过程来说,有些时候,课程选题确定了,课程内容也就基本确定了。但是,课程内容的确定还不那么简单。而课程,无论它延续多久,其容量都是有限的,尤其是我们学生开发的拓展性课程,通常只开设一个学期或一个学年,只能容纳某一领域的部分内容。课程内容的确定必然涉及在一个较大的内容领域中选择哪些内容进入课程成为学生学习内容的问题。在这种选择中,一个重要的选择依据就是课程目标。

从理论上讲,课程目标位居课程各要素的核心位置,是课程目标决定了课程内容,至少可以说课程内容的选择要受课程目标的制约。

(三)考虑高职学生的需求和发展水平

拓展性课程旨在满足学生的个性化需求。要实现这种功能,拓展性课程必须在内容选择上充分考虑高职学生的需求。在某一课程领域,能够支撑课程目标的内容经常会相当多样,在这些能够支撑课程目标实现的众多素材中选择哪些,就需要考虑课程面向对象的需求。在内容选择上另一个重要的考虑就是学生的发展水平或已有基础。从教学角度讲,能否把教学建立在学习者已有的基础之上,是教学有效性的关键。苏联心理学家维果茨基讲的"最近发展区",就是强调将教学建立在学生已有的知识经验基础之上,我国现阶段基础教育领域中非常热门的"以学定教",同样强调这一点。

然而,陌生的领域、全新的内容、较高的要求并不一定构成对学习者的挑战,只有学习者愿意应对的才可能构成挑战。一个学生曾经跟笔者讲,他初次接触数独就碰到一道高难度的题,按照题面上已有的线索,只能确定两个位置的数字,接下来就要靠猜测,由于没有掌握顺序搜索的技巧,他花了3个小时都没有解决,于是兴味索然,后来很长时间都没有接触数独。正如跳起来可能摘到的桃子才可能让你去跳,也只有在维果茨基所说的学生"最近发展区"之内的学习内容才可能对学生构成挑战。

挑战一定会带来身体上的压力或认知上的负荷。这种压力和负荷很可能转化成学习的动力,但也可能导致学习者疲惫甚至放弃。如果在有压力或负荷的学习过程中纳入一些娱乐性的活动,那很可能有助于学生缓解身体压力或认知负荷所带来的疲惫感。在这一方面,拓展性课程相对于基础性课程有更多的容纳娱乐活动的必要性和可能性。从必要性来说,一种活动的娱乐性不取决于活动本身,而取决于它给参与者带来的愉悦感,兴趣的满足是愉悦感的重要来源——拓展性课程恰恰特别强调满足学生的兴趣。从可能性来说,拓展性课程不像基础性课程那样有国家课程标准,有统一的要求,有固定的内容,有很强的进度压力,相反,它更为自主,更接近"课程就是师生共同创造的过程"课程理念,更容易接受"生成"。

考虑到这一点,各课程组在选择课程内容时一定关注到课程内容的娱乐性,安排一些具有趣味性的内容。结果,在各课程组设计的课程内容框架中,我们看到了比较多的游戏安排。然而,深入了解发现,许多课程组安排的游戏活动基本上与课程目标无关,就像一些教师在上课时仅仅为了让学生开心、投入而安排一些游戏,殊不知,完全与学习目标和学习内容无关的游戏对于学生达成学习目标不仅没有促进,反而可能是阻碍。在拓展性课程实践中,许多学校和教师甚至存在一种误解,即拓展性课程就是领着学生玩。玩本身有价值,但不应该是作为学校课程组成部分的拓展性课程的核心成分;即使是玩,也得强调"玩中学",玩的过程中依然需要强调对学生身体和认知的挑战。换言之,在拓展性课程中,内容设计上一定要兼顾挑战性和娱乐性。

兼顾挑战性和娱乐性的一条合理的路径是依据课程目标来安排有趣味性的内容。我们在进行课程内容设计指导时,经常提的一个问题就是:"能否将这个内容换成更有趣的内容?"但应非常明确地指出,更换内容或材料的前提是一定不能影响目标的达成。兼顾两者的另一条路径是,合理选择内容难度并合理安排内容进阶,保证学生在学习过程中持续不断地获得成功。学校一方面要求课程设计者认识到,课程内容娱乐性的目的不在于狭隘的"娱乐"本身,不在于纯粹的"开心一笑",而在于帮助学习者保持持续接受、应对挑战的意愿;另一方面,学校也要求课程设计者突破对娱乐的狭隘理解,认识到学习或完成任务中的成功所带来的愉悦感是课程娱乐性最重要的来源之一。

(四)深度与宽度

关于课程内容的确定,另一个经常需要做出的权衡发生在课程内容的深度与宽度之间。所谓深度,在教育体系中经常有两种含义:①指精尖。②指深刻。当前高校正在倡导的"深度学习"相对于表面化的肤浅的学习,也就是以记忆为指向的学习,其"深度"就是指后者,强调学生对学习内容全面深入地掌握,实现高水平的理解和综合运用。课程内容的深度则是指前者,更多与难度相关。所谓课程内容的宽度,涉及的是学生学习内容的广泛性和多样性程度。若是课程内容能够兼具深度和宽度,当然再理想不过了,但现实是,学校教育体系因有限的时间难以同时很好地兼顾深度和宽度。

拓展性课程中的"拓展"很容易被理解为程度上的加深,特别是当拓展性课程被视为传统的学科课程的拓展时。其实,从拓展性课程这一类别的设置初衷来说,将拓展性课程中的"拓展"理解为范围上的拓宽更为妥当。拓展性课程是为满足学生多样化需求、实现个性化发展而开发,并供学生自己选择的课程。换言之,学生选择特定的拓展性课程,以满足自己特定的需要,实现自己个性化的发展。在没有明确地了解自己的需求之前,学生可能需要大量的机会去接触各种各样的活动,在这种接触体验中,他们可能会逐渐发现自己的需要所在,发现自己的潜能所在。但是,如果拓展性课程选择"深度优先",那么向学生提供的机会可能就会少很多,学生根据自己的初步想法选了,结果发现这不符合自己的需求。相反,如果拓展性课程中能够提供多样化的内容,那么学生在课程学习中发现自己需求的机会也就更大。在这里,借用著名教育学者谢维和先生关于"探照灯"和"顶灯"的比喻:深度优先的课程就像一盏"探照灯",能为学生指明一条明确的前行之路,但让其他地方处于黑暗之中,导致学生不敢去探索;而宽度优先的课程就像在房间里开了一盏"顶灯",照亮了房间的每一个角落,学生可以任意去探索,终能找到一个适合自己的地方。

(五)规定性与选择性

课程内容的规定性是指课程内容一旦确定,学习者必须学习所规定的课程内容,还要能够在这些课程内容中有所取舍。从课程开发者的角度讲,如果强调规定性,那么把相关的内容安排好就万事大吉;如果想给予学习者选择的权利,那么在课程内容设计时就得考虑提供多种可能的内容,只有提供了足够的备选对象,选择的权利才可能成为真正的权利。

课程内容与课程目标之间存在匹配关系,但这种匹配关系的核心在于,课程内容应支持课程目标的实现,而不是课程目标决定了课程内容。实际上,特定的课程内容可以支持不同课程目标的实现,反过来,同样的课程目标也可借助于不同的内容来实现。某些内容之所以出现在课程之中,并非完全是课程目标决定的,相反,在很大程度上是课程开发者选择的结果。这也就是为什么当前基础教育领域中同一课程标准之下却可以有多个版本教材的原因。既然课程开发者能够选择课程内容,作为课程重要参与者的学生就只能接受课程开发者的选择?道理上好像不通。既然学生被视为教育过程的主体,也就理应拥有课程内容或相关材料上的选择权。

拓展性课程就更应该给予学生对课程内容的选择权。拓展性课程本身就是让学生自己去做选择的,这种选择通常被看作学生在学校所提供的多门拓展性课程中做选择。这当然是拓展性课程的选择性核心,但如果选择只局限于对课程门类的选择,而不能在所选的课程中对不同的内容进行选择,那么选择权是有限的。

在笔者看来,拓展性课程的一个重要的功能就是向学生提供机会去持续学习如何做出负责任的选择。因此,在课程内容上应给予学生选择权。为此,我们期望各课程组在设计课程内容时尽可能使课程内容多样化,以保证学生能够从中做选择;我们也期望各课程组不要将课程内容规定得太具体,而要为学生经验的进入留出空间①。

二、课程内容的组织

(一)明确总体结构框架

从操作角度讲,关于课程内容组织最简单的表述,就是将课程内容以一定的方式安排到课时之中。不同的课程内容各不相同,要求学生在安排课程内容时留出专门的课时来保证这些内容的落实。规定的内容主要涉及两个部分:第一个部分是第一课时,第二个部分是最后几个课时。基于此,应向学生提供拓展性课程内容安排的总体结构框架。如表6-1所示。

表6-1 课程内容安排框架

第一课时	课程简介
第二课时	具体内容
第三课时	具体内容
第四课时	具体内容
……	具体内容
最后几个课时	评价活动安排

第一课时,我们规定的内容就是"课程简介",要求教师将所编制的拓展性课程纲要呈现给学生,并进行详细讲解。主要介绍本课程的学习内容,说明对学生的期望(包括对他们需要达到的结果的期望和在过程

①刘丽群.教科书内容的选择与形成:知识准入课程中的国家介入[M].长沙:湖南师范大学出版社,2013:23-27.

中表现的期望),说明最后如何考核。除了这些规定动作之外,各课程组也可以根据需要安排其他一些活动。

最后几个课时,用于安排课程评价活动。要求各课程组在规划课程内容时根据自己关于评价活动的设想留出几个课时组织实施评价活动。具体需要几个课时由各课程组自定。但考虑到拓展性课程基本上不鼓励使用纸笔测验,更多鼓励表现性评价,建议用于评价的课时至少要保证2个课时。选课人数较多、评价活动比较丰富且耗时较长的课程可以安排到4个课时。这两个部分规定比较清楚,各课程组操作比较容易。但中间的具体内容安排,各课程组似乎也能很顺利地排下来,但内容结构方面存在着明显的问题。因此,我们在内容结构化方面做了大量的指导。

(二)课程内容结构化

课程结构是课程研究的重要主题,研究成果相当丰富。课程论中的课程结构是相对于整个课程体系而言的,关注的是课程的各部分或各形态的设置、相互配合和比例关系,比如必修课程和选修课程、分科课程和综合课程、学科课程和活动课程的组合和搭配。

这里讨论的并非整个课程体系中的课程结构问题,而是一门课程中内容的组合安排问题。在泰勒关于课程的四个基本问题中,第三个问题是"怎样有效组织这些教育经验",强调"按照连续性、顺序性、整合性等原则将所选择的经验组织起来"。这里讲的"组织",其中部分就涉及所选择的内容的组织。课程内容是为课程目标的达成提供支撑的,课程内容的适当组织能够更好地支撑课程目标的达成。因此,要求各课程组将所选择的内容以一定的方式加以组织或结构化。

(三)课程内容组织方法

在课程内容结构化的过程中,学校着重让各个课程组经历、体验课程结构化的过程。为此,一般常用的课程内容结构化有三种方法,供各课程组选用。

1. 基于概念构图的内容组织

20世纪70年代,美国康奈尔大学教授约瑟夫·D.诺瓦克首先开发了一套概念地图绘制技术。诺瓦克的概念地图本质上是组织和表征知识的工具,它将某个主题的概念及其相互关系用图形进行可视化的表征:某一主题的概念被置于圆圈或方框之内,用连线将相关的概念连接起来,连接线上用文字标明两个概念之间的关系,构成命题。运用这种技术产生的产品叫"概念地图",生产这种产品的过程或方法被称为"概念构图"。

当时概念地图主要作为一种增进理解的教学技术被应用于科学教学上。在诺瓦克看来,这种做法有助于将新的概念和命题同化于已有的认知结构之中,有助于"有意义的学习"。但概念地图的作用远不止一种教学技术,它同样是一种极为有效的学习技术,而且,我们认为概念地图还有成为一种有效的评价技术的潜力。

在这里我们看重的是概念构图成为课程内容组织技术的潜力,只不过,这里关于"概念"的理解应当有所扩展,不应局限于知识领域中"概念"或逻辑学意义上的"概念",而应被理解为课程的内容主题,这些主题既可以是知识,也可以是技能,还可以是方法,甚至是情感态度价值观。当一门课程的总主题得以确定,各课程组就可以尝试着在课程主题框架之内确定相关的概念,并明确这些概念与课程主题的关系以及概念相互之间的关系,进而在所确定的概念之中再确定相关的子概念,并明确子概念与其上位概念的关系以及子概念相互之间的关系。如果子概念之下还有相关的概念,那么继续进行下一位概念的分析。

2. 基于工作过程的内容组织

在传统的知识教育体系中,从小学到大学,课程内容基本上都用相同的方式进行结构化,即学科知识的内在逻辑。这种组织方式极像建立一个知识的仓库,相应的知识分门别类有序地加以排列,不同知识的先后顺序、上下位关系非常明确,就像生物分类学中的阶元系统,通常包括七个主要级别:界、门、纲、目、科、属、种。种(物种)是基本单元,近缘的种归合为属,近缘的属归合为科,科隶于目,目隶于纲,纲隶于门,门隶于界。

这种组织方式本质上指向于知识的储存,而不是知识的应用。在当今的教育体系中,知识的应用已成为学校教育一个重要的目标领域,甚至部分教育体系完全不强调知识的储存,而主要关注知识的应用。当课程以"应用"为核心目标时,那种基于学科逻辑的内容组织方式不再适合,而需要一种新的指向于应用的结构化方式。这种新的结构化方式在当今的职业教育或应用技术教育体系中通常被称为"基于工作过程的内容组织"。所谓的工作过程,就是在现实生活中为完成一个工作任务并获得相应的工作成果而实施完成的工作程序;基于工作过程的课程内容组织不依从学科逻辑,而是要遵循工作过程的实践逻辑,关注特定工作的内容、方式方法、组织形式、工具使用等,强调过程的动态变化。在这一方面,我国伟大的人民教育家陶行知先生早在1918年就已提出相关的思想:职业学校之课程,应以一事之始终为一课。

3. 基于技能形成规律的课程组织

尽管近年来课程改革总是将技能和知识放在一起,作为课程目标的三大领域之一,但技能的形成与知识的掌握还是存在着明显的差异,技能的形成有着不同于知识掌握的特殊规律。第一,技能的形成通常需要一个比较长的过程。第二,技能的形成需要反复的练习,没有练习,动作就不可能达到自动化的程度。第三,技能的形成通常要经历一个从个别动作的掌握到联合成一个完整的动作系统的过程。

从这些规律出发,那些以技能为主体的课程就需要对所学习的技能进行适当的分解,然后对所分解出来的动作或子技能进行适当的排列,并在学习过程中安排充分的练习。

"定向"是指课程开始时所安排的用以激发学生兴趣,让学生了解所学技能的整体样貌的那些活动。在我们为学生开发的拓展性课程中,我们要求第一节课主要用于介绍本课程的情况,也就是将课程纲要呈现给学生并进行讲解,让学生形成对过程和结果的明确的预期。而在以技能为主体的课程中,我们还要求各课程组通过多种手段来让学生对课程所指向的技能有个整体的了解。这种定向活动还能让学生对学习结果产生清晰的直观的印象,也有助于保证学生在学习过程中的动力,能够在进行不可避免的单一动作的枯燥训练时保持学习的热情。

然后将分解出来的子技能进行排序,安排到课程进程之中。"课程"的词源本义是"跑道",这里借用跑道来打个可能不那么恰当的比方:一门拓展性课程就是3000米障碍跑,正规的3000米障碍跑共要经过35个障碍物,其中包括了障碍架、水池等。技能课程中分解出来的子技能就好像障碍跑中的障碍物,需要按一定的序列逐个突破。有时,在比较复杂的技能学习中,几个子技能的学习完成以后,可能需要将这几个子技能整合起来进行训练,然后再进入下一个技能的学习。最终,所分解出来的子技能需要联结起来进行完整的全套的学习。

第三节　课程实施设计

若作为一个日常概念,课程基本上被理解为"内容"或"学习内容",通常不包含"实施"的含义。然而,作为一个科学概念,课程必须包含关于如何实施的设想。这种设想对于课程意图的实现非常重要,因为课程目标的实现是课程内容、课程实施,以及课程评价交互作用的结果,单凭课程内容的确定无法保证课程目标的实现。这也就是为什么我们的课程标准在规定其主体内容——课程目标和内容之外,还提出了"实施建议"的原因。也许我们认为,只有开发出来供他人实施的课程才需要"实施建议",若自己开发自己实施,还需要在课程开发阶段考虑课程实施问题吗? 答案是确定的。在拓展性课程开发中,尽管开发者本人可能就是未来的实施者,但同样需要对课程实施做一些规划、设想。

一、课程实施概述

"课程实施"的内涵非常丰富,要讨论一门课程开发中作为一个课程要素的课程实施,需要首先了解课程实施的丰富含义。我们首先讨论各个层面的课程实施,然后再讨论在课程开发中需要关注的课程实施。

(一)课程实施的丰富含义

这里不打算就课程实施的含义展开全面的讨论,主要从一个视角来分析课程实施的内涵,即课程层级的视角。

平常我们讨论到课程时,可能会涉及课程的多个层级,大到一个国家层面的课程改革方案,小到一堂课教学所涉及的内容。在不同的语境中,有时课程可能指一个国家某个学段的整个课程体系,也可能是指一所学校的所有课程构成的系统;可能是一门课程,也可能是指一门课程中的一个部分,比如某门课某个学期、某个单元的课程。不同层级的课程,其实施的具体含义也可能不一样。这里主要讨论三个层面的课程实施。

1.国家或地方课程方案的实施

在有集权传统的教育体系中,国家对学校课程体系享有控制权。在我国,传统上基础教育课程的控制权属于国家,在2001年新中国第八轮基础教育课程改革之后,地方和学校也获得了相应的课程决定权。但国家在基础教育课程体系的构建上依然起主导作用,国家出台了《基础教育课程改革纲要》,编制了基础教育课程总体方案,而且开发了基础教育各相关课程的课程标准。这些属于国家层面的课程政策,按照美国当代教育家古德莱德的课程理论分析,就是将"理想的课程"转化成"正式的课程",让"正式的课程"得以确立。"正式的课程"确立之后就涉及落实的问题,也就是课程的实施。

这一层面的实施包括了很多工作。以第八轮基础教育课程改革的推行为例,当时的推行涉及大量的工作,比如各级的课程改革推进工作会议、国家教材审定委员会的成立、教材的编写和审定等。各省、直辖市、自治区课程方案的确定就其本身而言属于课程开发,但相对于国家课程方案就是一个实施环节。当时还涉及大量的宣传、培训工作,很多媒体通过各种渠道反复宣传新课程改革,各级教师培训机构就新课程理念、课程标准及相应教材面向一线教师实施培训,这些都属于课程的实施。

2.学校层面的课程实施

在古德莱德的课程理论中,从理想的课程,到学生真正体验到的课程,要经过多重转化:国家将课程理想变成了正式课程,以国家课程政策的方式加以呈现,然后通过媒体宣传和培训等多种形式,帮助教师形成对课程的理解,即转化成"领悟的课程"。然后这种领悟的课程进一步转化,落实到学校层面和课堂层面,变成"运作的课程",最终才能为学生所体会到,成为"经验的课程"。

这里的"运作"其实涉及两个层面的运作。首先就是学校层面的运作。国家或地方的课程方案的实施必然要落实到学校层面。在学校层面,最简单的课程实施就是要将国家或地方的课程方案加以落实,比如按照国家或地方课程方案编制出每个年级或班级的课程表,落实每个班级每一课程的时间、地点、任课教师等。但在新一轮基础教育课程改革背景下,学校层面的课程实施不是原原本本地执行国家或地方的课程方案,而是需要有个再开发的过程。因为在这一轮基础教育课程改革中,国家在整个课程方案中规定了一个部分由学校自行决定,即"校本课程"。而且在国家课程中还规定了一门特别的国家课程——综合实践活动,与其他国家课程相比,其特殊性在于国家只规定了这门课程的名称、目标和课时,不像其他国家课程那样提供了国家课程标准。这意味着,国家课程方案留着两个空,需要学校把这两个空填满,并统筹考虑国家提供的课程与自己加上的课程,建构起学校的课程规划。这项工作需要学校的课程开发活动,比如,校本课程中具体包括哪些课程?综合实践活动又安排哪些具体的活动?但相对于国家课程方案,所有这些工作又属于课程的实施。

3. 课堂层面的课程实施

"运作"的第二个层面就是课堂中运作,也就是课程在课堂层面的实施。这一层面的课程实施高度接近于平常的"教学"的含义,也就是通过各种课堂活动将课程在课堂层面加以落实以实现所规定的课程目标。鉴于大家对"教学"的普遍了解,对这一层面的课程实施就不再赘述。

(二)作为一个课程要素的课程实施

如果用前面所讨论的"课程实施"的含义来理解在课程开发中需要思考的作为一个课程要素的课程实施,很可能会引起误解。"实施"的本来意思就是"实际施行",有"落实"的意味,因此很容易被认为是开发之后的一个阶段,即所开发出来的产品的实际运行、落实,指的是"实际施行的过程"。而在本章的讨论中,课程实施是作为课程开发过程中一个课程要素,不涉及实际施行的过程,而是对"未来施行的设想",是预设的施行方案。

因此,从课程要素角度讲,所谓的"课程实施"其实应当是"课程实施方案"。但在课程开发的过程中,对课程实施的考虑就是编织出合理的课程实施方案,也就是课程实施的设计。

课程实施的设计,听起来很像大家所熟悉的教学设计。的确,两者存在很多共同之处,比如都是设计,都以某种行动方案为产品或成果⋯⋯但我们还是要对两者做出区分。

第一,教学设计通常指针对一堂课或者一个单元的课的设计;课程实施设计针对的是一门课,至少会涉及一门课程在整个学期的实施的设计。

第二,教学设计会涉及"课"的全部要素,需要对包括教学目标、教学内容、教学过程和评价活动在内的各种要素进行设计;而课程实施设计是课程开发或课程设计中的部分工作,专门指向于课程实施,也许会联系课程内容,但肯定无须再设计课程目标、课程评价等要素。

第三,教学设计方案基本上等同于操作方案,因此需要比较具体,而且教学设计指向于特定的课,特定的课有特定的目标、特定的内容,因此也可以更为具体;课程实施设计则不同,课程实施设计要针对一段较长时间的课程实施进行设计,课程延续时间越长,所涉及的内容就越多,目标也就越笼统,因此课程实施的设计也就很难非常具体,在很多时候,只能设计出针对较为笼统的、目标的适合于课的大部分内容的实施方案。这也就是为什么我们的课程标准都只是比较笼统、原则地规定"实施建议"而没有提供具体的实施方案的原因。

(三)"课程实施"的呈现方式

在课程标准中,"实施建议"是独立的一个部分,与课程目标分开呈现。对于一门课程来说,这样呈现"实施建议"的确有其必要性。一门课程涉及的目标太多,无法针对具体内容提供实施建议:课程标准取代教学大纲本身就是期望不给教师太多的约束,只规定目标,至于用哪些内容、哪些方法去达成目标,课程标准无意做太多的规定,所以只就"课程资源开发与利用""教学"提出比较原则的建议,并整体呈现。

如果是一个有经验的教师来开发课程,那么"课程实施"也可以作为课程方案中的一个独立部分来呈现,因为他们拥有比较丰富的教学经验或者说课程实施经验,只不过这一部分不能叫作"实施建议",而可以叫作"实施原则""实施策略"之类的。但对于一个新手来说,这样将"实施方案"独立地整体呈现或许不是一种好的选择,因此学校在提供的"课程纲要"框架中对"课程实施"的呈现做了调整,要求学生将"课程实施"部分分解落实到每一次课甚至每一课时,具体呈现方式如表6-2所示。

表6-2 课程实施呈现方式

周次	课程内容	课程实施
第一周		
第二周		
第三周		
第四周		
……		

这样的呈现有几个方面的好处:①总体上对课程实施有了相对具体的设想,能与特定的课程内容和教学目标对应起来考虑课程实施问题。这样安排得好的话,每一课时之后的"课程实施"有可能起到"微缩教案"的作用。②我们学生的课程组都由多人组成,课程组多名成员在课程实施上会有分工,不同的课可能有不同的核心实施者。在课程开发阶段就具体的课时讨论课程实施方案,有助于课程组就特定课的落实形成基本的共识,无论具体谁来落实,这堂课大的框架或原则性的规定已经在,不会在实施质量上有大的起伏。①

①王亚芊.创意创新创造课程设计与实施[M].北京:北京邮电大学出版社,2016:
  61-69.

二、课程实施设计即学习活动设计

前面讨论了课程开发过程中的课程实施设计是什么,接下来要关注的是课程开发过程中的课程实施设计到底设计什么,拓展性课程实施设计的核心就是学习活动设计。

(一)课程实施设计的重要元素

课程设计到底要设计什么?或者课程实施设计到底要针对哪些元素进行设计?这是进行课程设计之前必须明确的问题。在这里主要从两种视角来分析课程实施设计的重要元素。

第一是通过对课程标准文本中"实施建议"的分析。如前所述,在各学科的国家课程标准中,"实施建议"部分有大致相同的框架,基本上包括了四大块内容,即"教科书编写建议""课程资源的开发与利用""教学建议""评价建议"。这些建议涉及多个领域,包括课程内容(教科书与课程资源)、教学、评价等。

第二是教学设计的视角。相对于课程设计,关于教学设计的讨论更多,有相当丰富的研究成果。总体而言,教学设计被视为对内部相互关联的整个教学系统做出系统规划,以期最有效地达成预期目标的过程。教学设计的对象是教学系统,目的在于提出达成预期目标的最优途径。

问题在于,教学系统中到底有什么?在已有的研究中,有些描述得非常笼统。比如美国教育心理学家加涅认为,教学系统中包括了所有旨在开发人才的活动,如此来看,教学过程之中的各个方面,如资源、时间、程序、方法、活动等都会涉及,但有些把整个教学系统局限于一个较小的范围之内;比如美国教育心理学博士赖格卢特就认为,教学设计是"提出最优教学方法的处方",在他看来,教学设计的核心就是教学方法的设计,而且目标在于提出"处方性"的教学方法。如果从教师的日常教学设计(也就是备课)实践看,常规的备课活动经常会涉及课的目标,内容与资源、方法,以及包括环节、步骤、流程、时间等在内的教学过程。总体上讲,从教学设计的视角看,设计的对象涉及教学的诸多要素,但显然更多是从设计者也就是教师的视角来讨论教师要做的事。

(二)学习活动设计：拓展性课程实施设计的核心

若概括地说，简单地将课程实施设计视为对作为一个系统的课程实施的整体规划是可以接受的。但课程实施设计毕竟是一项实践性的活动，总是要针对具体的课程，因此，这个系统中到底有什么、到底有多大，那还得看这是什么样的课程。不同的课程经常有不同的目标，而就像我们要去的地方不同就需要走不同的路，不同的目标经常需要不同的实施方案；不同的设计可能会针对不同时长的课，设计方案的具体程度也就应当有差别，就像课程标准中的"实施建议"可以相当笼统抽象，但针对一堂课的教学设计就得比较具体，而不能用"落实学生的主体地位""组织生动活泼的活动"之类的表述。最重要的是，课程实施设计还得关注所设计的课程的性质和功能定位。

拓展性课程是在性质和功能定位上明显不同于基础性课程的一个课程类别。参考相关文件的规定，拓展性课程指学校提供给学生自主选择的学习内容，特别强调课程的兴趣性、活动性、层次性和选择性，目的在于满足学生的个性化学习需求。作为一类课程，拓展性课程自然与其他课程存在诸多共同之处，在课程实施上也应该有共同的规律。但从拓展性课程的性质和功能定位出发，其在课程内部结构要素、相关要素的组合方式以及关键要素上都会与其他课程类别存在差异。比如说，拓展型课程中教师的呈示活动会更少，更多的是指导；而在较少的呈示活动中，更多地偏向于动作、模型等呈示方式，而较少使用言语呈示。又比如说，在拓展性课程中，学生参与的活动应当成为主体要素，教师的单方面活动应当处于从属、辅助地位，是为学生的活动组织、开展服务的。

拓展性课程强调选择。这里的选择实际上涉及两个层面的选择：①学校层面的选择，即学校从非常广的范围内选择某些特定目标和内容，开发成课程并提供给学生。②学生的选择，即学生在学校提供的课程列表中选出自己想学习的课程。在这两个层面的选择中，更为关键的当然是学生的选择。不过，如果仅仅保证学生在学校提供的众多课程中选择一门或几门，很可能无法实现拓展性课程的初衷。拓展性课程所期望的选择本质上是学生自主的选择，或者是逐步自主的选择，其中的核心在于"自主"。有些人可能认为,"自主""选择"只局限于选课阶段,这本质上违背了行为的基本规律。实际上要保证自主,选课上的自主仅仅是一个方面,更重要的课程是后续学习过程中的自主。

拓展性课程强调兴趣。很难想象,一种只将学生当成对象,让学生游离于外的活动能够激发并维持学生的兴趣。兴趣与需求有关,如果活动能够满足需求,那么学生就很可能有兴趣;而兴趣能否有效地维持下去,那就要看活动能否持续地满足学生的需求,参与活动之中,直接经历、体验活动过程,并在活动之中获得成功感,这是兴趣得以维持的最为关键的地方。

拓展性课程强调活动。这里的活动或许未必是严格意义上的"活动课程"所倡导的那种活动,而更多的是宽泛意义上的活动,也就是学生直接参与其中,有直接经验和体验的。其中必定发生学习行为,但这种学习不同于很多将内容视为静态的对象的学习,而是一种经验学习、体验学习。鉴于拓展性课程的这些特点,笔者认为,要落实拓展性课程目标,核心途径就是学生直接参与的活动,拓展性课程实施设计的核心也就是学习活动设计。

第四节　课程评价设计

按照日常的理解,评价与课程是两码事——评价是静态的课程实施之后要做的事。可是,按照泰勒原理,课程中还必须考虑"如何确定学生正在达成目标"。因此,评价就是课程本身的关键要素之一。即使不将评价视为课程的一部分,而是作为一项课程实施后的独立活动,评价也会对课程发生重要的影响,影响课程目标、课程内容、课程实施,甚至可以说评价即课程,就此而言,在课程开发中考虑课程评价是必须的。没有关于课程评价的设计,课程就是不完整的。

一、课程评价概述

在现代教育语境中,课程评价的内涵非常丰富,包含着众多不同类别的评价。若以评价的对象来分,课程评价就包括方案评价、教学评价和学习评价。我们先讨论课程评价的丰富含义,然后再关注作为一个课程要素的课程评价。

(一)课程评价的丰富含义

课程评价,准确地说,不是"课程的评价"或"对课程的评价",而应是"课程中的评价"。在课程中,就评价涉及的对象来说,课程评价通常被分成方案评价、教学评价和学习评价。

方案评价,即以课程方案为对象的评价。在一个教育系统中,课程方案实质是育人方案,有什么样的课程方案就会有什么样的课程,就会有什么样的育人方式,最终影响甚至决定培养什么样的人。

教学评价,即以教师的教学为对象的评价,评价的是教师的教学过程和结果。换一个角度讲,教学评价也是对教师在日常实践层面的课程实施过程及其效果的评价。这种评价贯穿于教师的日常教研活动实践之中,甚至成为教研活动的最主要的内容之一。

学习评价,即以学生的学习为对象的评价,评价的是学生的学习过程和结果。从所评的学习来分,学习评价大致上可以分成学业成就评价和综合素质评价;从评价所关注的重点来分,大致上可以分成过程性评价和结果评价。

(二)作为课程要素的课程评价

作为一个课程要素,课程评价并不包括其所有的含义。按照泰勒原理,课程的基本问题之一是确定目标是否正在得以达成,而课程目标是体现在学生学习上的,因此作为一个课程要素的课程评价其实就是学生学习评价,不包括方案评价和教学评价。就像义务教育各学科课程标准中的"评价建议",关注的就是学生的学习评价,并不涉及方案评价与教学评价。

不过,义务教育各学科课程标准中涉及的是学生在一门需要较长时间学习完成的课程中学习过程和结果的评价,篇幅有限的课程标准不可能将具体的评价方案完整全面地加以规定,而且对于一门需要较长时间实施的课程,不同学期、学年和学段的评价目标、评价内容各不相同,因此评价的具体方式可能也会有差异,课程标准的评价建议只能做一些原则性的规定。[①]

二、以学习成果为中心的高职课程质量评价指标体系的构建

(一)成果导向教育理念的基本观点

成果导向教育(Outcome-based education,以下简称OBE)是美国、英国、加拿大等国家教育改革的主流理念,由美国学者斯派蒂于1981年首次提出。与我国高职教育的人才培养规格相对匹配的国际工程专业教育认证协议《悉尼协议》采用的也是成果导向的认证规范。成果导向的三大核心理念是:以成果为导向、以学生为中心、持续改进。OBE高度强调学习成果对整个教学活动实施的引领作用。教学活动成功实施的首要前提是对学习成果进行具体、清晰的界定。学习成果不同于学习目标,它所描述的是学生在特定学习经历结束后所获得的可展示、可评量的能力,是对学习目标的进一步分解。

学习成果应层层支撑,单元学习成果支撑课程学习成果的达成,课程学习成果支撑专业学习成果的达成。学习成果的描述应具体清晰,采用与目标岗位需求一致的行为动词,说明成果需达到的水平,必要时还应说明取得成果的环境、背景、方法、工具等条件。教学实施过程应以学习成果的达成为目标进行自下而上的设计,确保教学过程的设计能够支撑各项学习成果的达成。在教学实施过程中,应将学生的学习状态和学习成效作为关注的重点,从"学生学得怎么样"出发,反向评估"教师教得怎么样"。在教学活动中,教师应更多地扮演辅导者、协调者、监控者的角色,针对学生的学习进展及时进行诊断、反馈、干预或引导。OBE主张基于学习成果的达成情况对整体教学活动进行整改的闭环管理。评价主

---

①张立昌.课程设计与评价[M].长春:东北师范大学出版社,2017:31-40.

体、评价方式应根据学习成果评价的需要进行多元化的多方面覆盖学习成果的各项内容,也能通过选用合适的评价方式对学习成果的达成程度进行精准的评价。

(二)基于OBE的高职课程质量评价指标体系

1.评价维度

结合OBE的基本观点分析可知,高职课程的实施质量主要取决于三个方面,分别是:对课程学习成果的界定是否具体、精准;所设计的教学实施方案是否能够支撑课程学习成果的达成;教学实施方案是否得到了有效的执行。同时高职课程的实施质量又直观反映在课程学习成果的达成度上。因此,高职课程质量的评价维度总体可分为课程学习成果评价、教学设计评价、教学实施评价、课程学习成果达成度评价。

2.指标构成

围绕上述四个评价维度,分别制定对应的评级指标以及各项指标的评价等级。评价结果共分三等:A等意味着总体良好,可暂不做调整;B等须结合反馈意见进行局部调整;C等则意味着须在反馈意见的指导下进行大幅调整,接受复评。第一,课程学习成果评价。课程学习成果评价共包含两项指标,分别是课程学习成果的描述是否具体、精准;课程学习成果对专业学习成果达成的支撑度。第二,教学设计评价。教学设计评价共包含四项指标,分别是:课程内容与课程学习成果之间的关联度;学时分配与课程内容及对应课程学习成果之间的适配性;教学方法与课程内容及对应课程学习成果之间的适配性;教学资源对教学开展的支撑度。第三,教学实施评价。教学实施评价共包含四项指标,分别是:课程规划与课程实施的一致性;学生在教学过程中的参与程度;学生收到教学反馈的及时性和有效性;教学条件对课程实施的支撑作用。第四,课程学习成果达成度评价。课程学习成果达成度评价指标共包括三项指标,分别是:学习成果达成度评价内容与课程学习成果之间的一致性;学习成果达成度评价形式与课程学习成果之间的一致性;学习成果达成度的总体水平。

（三）运用中的注意事项

1. 重在诊改，弱化排名

本指标体系仅设评价等级，不做量化统计，目的就在于规避以往根据课程质量评价结果对教师进行分级排名、绩效考核的做法。

一门课程的实施是否成功，受到教师教学水平、课程性质、学生的学习意愿和基础、教学环境等多方面因素的影响。

教师并不能掌控影响教学的所有因素，因此直接以评价结果来对教师进行分级评价是有失公允的。要充分发挥该指标体系的诊改作用，使教师通过自我诊断、他方评价找到课程设计和实施过程中的不足，明确课程改进的方向，逐步打造出更加优质的课程。

2. 科学安排，多方参与

对课程学习成果、教学设计、课程学习成果达成度评价形式的评价需要通过审核教学大纲完成。课程大纲是关于课程的总体规划，最迟应在开课前一学期的期末对其开展评价，为教师预留充足的时间进行调整优化。参与评价的人员除了校内督导、专业负责人、院系教学负责人、兄弟院校教育专家等，更应邀请来自企业一线的专家参与，企业专家在评估课程学习成果描述与实际用人需求的契合度和教学内容的时效性方面有天然的优势。对教学实施的评价应贯穿整个学期，尤其是在开学初，这样可以尽早发现问题，及时调整教学实施方案。应重视学生在教学过程中的反馈，建立学生联系人制度，鼓励学生通过面对面交流、问卷调查、第三方反馈等形式对教学实施提出建设性意见。

3. 评辅结合，注重实效

建立专业课程质量专项小组，负责组织各个环节的评价、汇集评价反馈信息并与教师就评价反馈的具体内容进行沟通。如果对反馈内容的真实性、可靠性存疑，专项小组必须事先进行核查，确认后方可与相关教师联系。向教师提出问题的同时，应同时提供示范样本、优化方法供对方参考，必要时还可邀请校内专家进行辅导。专项小组应持续跟进课程的改进情况，通过课程诊改记录表等工具对诊改过程进行记录，确保诊改措施落实到位，实现整个课程评价工作的闭环管理。

4. 团队作战,评研兼顾

建立课程团队,鼓励教师以团队形式参与评价,减少因课程评价给教师带来的压力,同时也有助于促进教师之间的经验交流,为课程建设注入更多活力。在开展课程评价的同时,引导团队结合评价反馈,挖掘教研课题,以解决课程建设中的问题为出发点,寻找相关的理论支撑和实践参考,将解决问题的路径和方法进行总结提炼,转化为论文、教材等教科研成果。

第七章 基于"制作习得"教法的智慧化教学创新

第一节 教学方式创新

以移动互联网、大数据和云计算为代表的新技术是一种"变革性技术",其独特之处在于使用一种"变革性"策略而不是"改变性"策略来颠覆一个系统中现行的占据支配地位的实践。和在其他社会部门一样,新技术在教育教学系统内部也具有颠覆性。互联网教育带来教育的变革正源于这种颠覆性特征,其核心表现在于重构了教育教学系统内部各要素相互之间的关系。互联网教育带来教学观的变革、教学过程的重组、教学空间的重构、教师角色的转变和教学模式的创新。互联网教育不仅重塑了教育教学系统的结构,而且改变了教育教学系统的过程与行为模式,使其效率不断提高,复杂程度不断增强,时空场景持续扩展。

一、教学方式的转变:信息技术催生新的教学方式

互联网教育是在全球信息化的大背景下产生的,是互联网时代的教育。随着新兴技术逐渐被运用到教育领域,如3D打印、教育游戏、社会性虚拟社区等对教育信息化的集成,慕课、开元硬件、学习分析等的应用,云计算环境、虚拟实验室、Second Life虚拟软件、大规模在线开放课程、翻转课堂以及慕课的迅速发展,开放课程、开放数据、开放资源、开放教育、开放存储、开放思维等观念的进一步深入人心,互联网教育开启教学变革的步伐正在一步一个脚印地向人们走来。比较有代表性的是以物联网为基础的智能化教学、人工智能带来的个性化智慧教学、虚拟现实带来的沉浸式教学及教育App带来的教学游戏化。

（一）物联网：智能化教学

物联网对教学最大的贡献用一句话概括就是对教学世界的感知与针对感知的服务。物联网即物物相连之网，最先是由麻省理工学院自动识别研究室在1999年提出的。物联网是通过信息传感设备，如传感器、射频识别（RFID）技术、GPS系统等，将物体与物体、物体与互联网连接起来识别与管理。物联网是建立在数据云储存、业务云之上的，是将智能终端通过先进网络相连的一个业务数据智慧处理体系。物联网可以实现人与人、人与物、物与物、物与互联网之间的连接，方便人们对事件和物件进行识别、管理和控制。在物联网的世界里，所有的人和物在任何时间、任何地点都可以方便地实现互联互通。物联网虽然以互联网作为基础，是互联网的延伸和扩展，但是其核心却不是互联网，而是面向实体世界的感知和对感知的服务。在物联网的世界里，可以实现任何物体与物体之间的信息交换和通信，实现了物理世界和信息世界的无缝链接，进而实现现实世界与人的无缝链接。

从上述特征可以看出，物联网是面向实体物理世界，以感知互动为目的，以互联网和人工智能为基础但又超越智能化、超越互联网的物理与信息深度融合的全新系统，它关注的是外部现实世界的事件和事件的感知。

物联网为教学环境的变革提供了技术支持。物联网的信息传感设备能自动感知学习者的学习位置、所处的学习环境、正在学习的内容以及进行的学习活动，甚至学习者与环境或他人的交互情况等信息，并经过大数据的分析处理形成对学习者行为和需求的理解，据此来对学习活动进行管理，提供最高效能的使用环境。随着人工智能、移动互联网和大数据等新技术的不断发展，物与物、人与人、人与物将走向万物互联的时代。万物互联，一个小小的插线板可以连接网络，而后用户就可以在任何地方远程控制插线板的开关。可以远程查看教室里的灯光和温度是否合适，如果还没有达到合适的程度，手机会给予提醒，并能够自动调节教学的光线、温度和声音。

物联网还能为学习者提供智能化、个性化的学习支持。在物联网中，通过嵌入到学习和教学空间的各类传感器来感知分析学习者当前的位置环境;通过登录时的学习者身份认证系统,可以知道学习者信息、操作习惯、个人喜好;通过学习跟踪仪或者可穿戴设备,可以记录学习者的学习行为(如拍照、记录等)、预先的学习计划、学习的起止时间、学习路径或课程序列、学习者与设备之间的交互情况、学习者与他人的交互情况、学习者学习绩效和个性化需求等。物联网将这些信息传输给服务器,由服务器终端提供给学习者合适的、智能化的、个性化的学习支持。

(二)人工智能:个性化的智慧教学

谷歌人工智能系统Alpha Go战胜韩国著名棋手李世石,迅速掀起了一波人工智能浪潮。大战落幕之后,不禁引发了人们的深思:人工智能时代究竟离我们还有多远? 人工智能将会给人们的教育和生活带来多大的改变? 人工智能是研究、开发用于模拟、延伸和扩展人的智能的理论、方法、技术及应用系统的一门新的技术科学。从大数据、算法到智能化推荐,从机器人成为围棋世界冠军到机器人写稿,人工智能正逐渐走进人们的生活,当然也包括教育。人工智能对教育的支持主要体现在智慧教育、智慧教学。

人工智能支持个性化的教育。在教学过程中,人工智能通过分析学生阅读材料并回答问题的情况,可以判断学生对知识的掌握情况,从而有针对性地提出学生需要掌握而未掌握的问题,帮助学习者以最容易接受的方式掌握该掌握的知识点。在大数据的支撑下,系统可以描述每个学习者的学习特性。人工智能通过跟踪学习者的学习痕迹,分析学习者的学习信息,及时给学习者提供更多的个性化帮助。人工智能支持下的个性化教学是智能化、可定制的教与学。在信息(知识)时代,人工智能、物联网、云计算等新一代信息技术在教育领域的应用推广使得智慧教育有新的内涵和特征。

人工智能支持智慧教育。在教育信息化不断发展的进程中,智慧教育应运而生,智慧教育是互联网教育不断走向教育信息化过程中的一个新的高度。智慧教育的本质是智能化的可定制的教与学,其核心是物联网、云计算、大数据和泛在网络等四大技术,通过智能技术或设备高效整合分布于全球的学习资源和学习群体,构建智慧学习环境,研发智能化系统及产品,为每一个学生提供全面的学习支持服务,培养学习者的创新能力、批判思维能力、问题解决能力等高阶思维能力,培养智慧人才。智慧教育是互联网教育在教育信息化进程中发展到高级阶段的产物,在智慧教育过程中,学习者是自我导向且有自我内在动机的,学习过程是有趣的,学习过程是可定制的,学习过程是有丰富资源支撑的。

(三)虚拟现实:沉浸式教学

虚拟现实(VR)是通过计算机、大数据等技术模拟产生的三维空间的虚拟世界,虚拟现实提供关于视觉、听觉、触觉等感官的虚拟模拟,观察者可以选择任意一个角度观看任何一个范围内的场景和物体,帮助使用者获得身临其境之感。虚拟现实有以下几个特征。

一是多感知性。虚拟现实除了一般的视觉感知以外,还有听觉、触觉、味觉和运动感知,在教学中的运用就可以让学习者感知很多学校里无法实现的现实世界,如在虚拟现实中感受沙漠、冰雪世界。

二是沉浸感。沉浸感是体验者感到作为主体在虚拟环境中的真实程度。虚拟现实的沉浸感在教学中的运用可以让学习者全身心地投入到三维虚拟学习环境中,激发学习者浓厚的学习兴趣,产生高效率的学习效果。

三是交互性。交互性是体验者对模拟环境内物体和环境的可操作程度和反馈的自然程度,如学习者在虚拟太空环境中感受太空的失重。

四是构想性。虚拟现实可以再现真实存在的环境,也可以随意构想客观不存在的甚至是不可能发生的环境,为教学提供情境化、真实性、自然性的环境和情景支持。

与虚拟现实相关的学习理论是虚拟沉浸理论。虚拟沉浸理论于1975年由美国著名心理学家米哈里·契克森米哈赖首次提出,是指在虚拟学习中,学习者高度集中注意力,在虚拟的情境中过滤掉所有不相关的知觉,进入一种沉浸的状态。根据沉浸理论,未来的学习可以利用虚拟现实环境,让学习者足不出户就可以感受到头脑风暴,如同在现实世界中的感受一样。利用虚拟沉浸技术,可以支持以下几个方面的教学。

知识学习更加形象、更好理解。虚拟沉浸可以再现现实生活中无法观察到的自然现象，也可以通过虚拟再现事物的变化过程，为学习者提供形象生动的学习资源，有助于帮助学习者加深对抽象概念的理解。比如，在地理课上，丘陵、沙漠和雪山将不再是一个个的地貌名词，学生可以通过VR去感受和体验每一个地貌的特色。

探究学习更有趣，印象更深刻。虚拟沉浸可以对学习者提出的各种假设进行模拟，通过虚拟现实技术可真实地观察到这一假设所产生的结果和效果，从而达到探究学习的目的。比如，在化学课程上，复杂的化学反应是怎么被发现的，又有几个反应过程？学习者可以在细微的世界里，把自己缩小到分子级别去探索究竟。

技能训练带来虚拟的沉浸。学习者在虚拟的学习环境中扮演一个角色，通过沉浸在角色中的实践学习，学会现实中因为场景限制而无法学会的技能。比如，虚拟现实的课堂就很好地解决了汽车驾驶培训的问题，这也适用于飞行驾驶、重型机械操作等。

虚拟现实让学习者足不出户感受头脑风暴。虚拟现实在文体教育领域的运用受到了人们的欢迎。在2016年的里约奥运会期间，NBC通过其美国版应用提供85小时的奥运会VR节目，用户可以通过手机观看。毫无疑问，VR内容给奥运迷们带来身临其境的感受。随着虚拟现实技术的不断普及和设备价格的大众化，虚拟现实和沉浸式教学在互联网教育中的运用也越来越广泛。

（四）教学游戏App：教学游戏化、娱乐化

教育本应该是快乐的，寓教于乐的观点我国自古就有，从词义上来看，娱乐和游戏含有"快乐"的意思。教育游戏化娱乐化的观点来源于在互联网教育中体验式、探索式学习方式的加入，游戏闯关让教育娱乐化成为学生喜欢的学习方式。

娱乐和游戏化有助于激发学习者的创造力。教育学家曾经对游戏和学习者创造力之间的关系做了大量的研究，发现游戏评分较高的幼儿在发散思维测试中的评分比其他学习者高。其原因是学习者在游戏的过程中，因为遵循一定的游戏规则需要运用各种方法，在获取方法的过程

中除了通过既往的经验还需要基于经验的个人创造。学习者在游戏中通过积极主动地运用个人智慧及经验进行创造性的活动来不断激发自我的创造力。

教育和娱乐之间的界限变得越来越模糊，很多情况下已经分不清哪些属于教育、哪些属于娱乐。如最近流行的一些娱乐节目，《汉字英雄》《成语大赛》等，既有娱乐的目的，又有传递知识的功能。又如关于游戏化体验式学习，有一款关于数学的 App 小游戏"饥饿的鱼"，小朋友通过将不同的数字自由相加，相加后如果等于小鱼身上的数字标记，小鱼就会被吃进去，成功之后就可以升级。

目前，国内游戏教学的发展情况和研究现状可以从两个方面进行分析。第一，传统游戏教学活动的应用。学前教育学家普遍认为，游戏是幼儿在成长过程中最好的教学手段，可以促进幼儿的身体发育、多元智能的发展、性格的培养、想象力和创造力的发展等。因此在幼儿教育中，游戏教学方式占了很大的比例。当学习者的年龄增大，进入知识学习阶段以后，在课堂中游戏教学的比例大幅缩减。很多一线教师将游戏教学作为一种教学策略应用到课堂教学中，在教学的各阶段采用不同的游戏策略，目的是激发学生的学习兴趣，提高学生的学习积极性。游戏教学在各种学科中都有应用。除此以外，在成人学习及管理培训中，游戏教学的运用也非常广泛，一般体现在体验式活动当中，运用游戏的方式来训练技能及培养意识。第二，结合当前的网络环境和青少年对网络游戏的痴迷，教育工作者纷纷提出要将游戏和教育相结合，希望能让学生把对游戏的痴迷转化为学习的动力。[①]

如果在互联网教育中玩游戏就是一种学习，那么学习过程还会那么枯燥吗？如翻转课堂中的游戏化闯关训练，让学习者在娱乐中加强对学习内容的巩固。互联网教育提供了趣味化学习的机会，通常采取游戏闯关的方式，增强学习的趣味性和主动性。教育娱乐化的目的是提高学习者的学习兴趣，从"要我学"转变成"我要学"。学习者通过在游戏中制定和遵守规则来学习遵守社会规则。这种在"学中玩"和在"玩中学"的方

①肖志坚，张文福，胡新根.高职教学改革案例分析与创新[M].北京：冶金工业出版社,2020:142-147.

式被越来越多的"数字土著"所接受。随着互联网教育的发展,教育游戏化娱乐化的观点也越来越受到人们的关注。

二、教学方式创新的重要性

(一)科学实用的教学模式是构建高效课堂的前提

北京师范大学教授何克抗说:"教学结构是指在一定的教育思想教学理论和学习理论指导下的一定环境中展开教学活动进程的稳定的结构形式,是教学系统中教师、学生、教材、教学媒体四要素相互联系、相互作用的具体体现。"在传统教学中,教师主宰课堂、掌控课堂的话语权,而新课改提倡教学回归教育本身,以学生的发展为本,把学生当成学习的主体。新课改的效果其实主要反映在两个方面:一是提高学生主动学习的程度,二是提高学生有效学习的程度。所以,无论哪一种模式,并不是为了"模式"而"模式",更不是搞成"模式化"或者固化了的"模子",而是说使用某种教学模式是教师教学必经的一个阶段,唯有先走入模式才能走出模式,创新生成新的模式,最终脱离模式,走向真正的教学艺术。因此,许多学校在新课改的理念下尝试创立了能够体现新课改理念的教学模式。

(二)激发学生的课堂活力是构建高效课堂的关键

激活课堂活力并不是指简单的学生对话所形成的课堂喧嚣,而是指学生的思维被激活后所形成的有一定思想火花和信息含量的语言交流。

那么,如何激活学生思维,调动学生学习的主动性和自觉性,就成为高效课堂改革的落脚点。具体来说,要从教学理念、教学思路、教学设计流程与环节、导学案、问题的提出、作业的布置等方面来激发学生的课堂思维。

(三)注重课堂的预设是构建高效课堂的核心

课堂是复杂的,是动态生成的,因此,注重课堂设计、实现课堂"预设"与"生成"的有机统一是构建高效课堂的核心,也是我们一贯追求的目标。没有充分的课堂设计,就不会有精彩的课堂呈现。华东师范大学教授叶澜曾做过这样精辟的论述:"课堂应是向未知方向挺进的旅程,随时都有可能发现意外的通道和美丽的图景,而不是一切都必须遵循固定路线且没有激情的行程。"当学生有了创造的火花,教师除了采取积极鼓励的态度肯定学生的表现外,还应适当调整、创造性地设计和组织教学,即使偏离了预定目标,也应跟着学生的思路走,制造新问题的"生长点",为新的生成提供支点和空间,鼓励继续生成。

课堂的高效性不容忽视。课堂上的时间是有限的,教学内容是确定的,如果学生对知识的掌握情况不好,那么教师在做出合理取舍的同时,还要对学生的心灵小心呵护,善于倾听和引导,至少不能让学生有被忽视的感受。这样,学生的创造性火花不至于被消灭,反而有可能激发他们探究的热情,这也正是我们教育工作者所不断追求的。

三、基于"制作习得"的高职智慧课堂教学方式创新

在"互联网+"新技术、新理念的跨界融合下,"智慧课堂"是一个较为新颖的概念,在教学中的实践也为我国教育改革打开一扇新的大门。信息化是社会经济与科学技术长期发展的产物,对各行各业都有极大的促进作用,如何利用信息技术打造智慧课堂,构建高职智慧生态化教学成为人们关注的焦点。

(一)智慧课堂概述

智慧不仅是知识的学习,更是在知识的应用下,对事物做出智慧的判断与决策,从而为人们的学习、生活与工作提供良好的支持。智慧课堂的兴起不是偶然的,是信息化的产物,具有互联网、大数据、人工智能等现代技术的特征。在高职课堂教学中运用智能化技术,能为教学课堂创造一个信息化、智能化的学习环境。在信息化语境下,智慧课堂与传统的课堂有一定的区别,逐渐从以教师为课堂的主体转变到以学生为课堂的主体,教师在教学过程中通过信息技术的合理应用,为学生构造一个智慧型的课堂,使学生通过各种移动学习端自由地获取所需要的知识,让学生能够主动地参与到学习中,学生的学习更加自主化、个性化和多元化。

在信息化语境下的智慧课堂更加注重学生的个性化发展与创造性培养，能有效地激发学生的创造能力，同时在信息技术的应用下，能丰富教学资源，为学生提供更多的知识，从而提升高职院校课堂教学质量。

（二）高职智慧课堂教学创新

1.提供可操作、可观察的交互性环境

学生在学习过程中，智慧的形成需建立在以往的知识与经验之上，并通过这些知识的综合运用，对身边或者外界发生的事进行理性的判断与思考。学生在学习过程中，信息技术的出现为学生提供了一个良好的工具，通过信息技术的应用，能为学生提供一个可操作、可观察的交互性环境，让学生在实践中对问题进行思考与操作，逐渐提升学生的思维能力，帮助学生智慧的形成。

2.利用信息化教学平台丰富教学资源

信息化语境下高职院校教师在教学过程中，教学资源比以往更加丰富，主要是计算机强大的资源储备、信息搜索等功能为教学资源提供了更多的参考。同时教师可以通过网络组建教学平台，为学生提供更加丰富、多元、高质量的教学资源，满足学生对知识的需求。同时教师也可以积极引导学生，让学生主动搜集各类学习资源，帮助学生理解知识、解决问题，提升自身综合素养。物联网技术、大数据技术等的快速发展，也为智慧课堂的创新提供了可能性。物联网技术的应用，能对学生身边的环境进行感知，并且大数据技术的深度挖掘，能对学生的学习过程进行记录，为学生创造一个个性化、信息化、多元化的教学平台。

（三）高职智慧课堂教学实践

云平台、物联网技术等是构建智慧课堂环境的主要技术；智慧课堂的设计需要教师的支持，并且在教学环境中发挥良好的作用；最后便是将智慧课堂与学生进行科学、合理的结合，让学生参与到智慧课堂的学习中。

1.智慧环境的构建

信息技术是智慧课堂的提供者，而高职智慧课堂的开展则需要智慧

环境的支持。在当下最新技术的应用下,需要对学生的学习习惯、需求、兴趣等进行综合分析,将这些信息收集到资源库,推送适合学生学习的学习资源。智慧环境还具有丰富的教学资源,在教学工具的利用下,能对这些教学资源进行科学的展示,让学生主动融入到教学实践中。

2.教学活动的设计

第一,智慧大门的开启。学生在学习过程中,智慧的形成不是一蹴而就的,需要对一些具有价值、高难度的学习任务进行解决与消化,从而形成智慧。因此,在设计教学活动时,教师要合理应用信息化技术,确保教学活动的科学性与生活化,为学生营造一个良好的学习氛围,提升学生主动学习的能力。当教师设计好教学活动后,需明确学习任务。在信息化技术的应用下,教学资源能进行科学的整合与呈现,激发学生的学习兴趣,让学生主动参与到智慧课堂中,提升学生的学习质量。

第二,智慧之源的探究。教师要在智慧系统的应用下,对学生的实际需求进行分析,将学生科学分组,让学生在小组学习中完成问题的探索,帮助学生提升思维能力。教师一定要发挥好支架作用,不但要给出学习任务,还要对学生解决问题的过程进行关注,不断优化智慧课堂,为学生营造一个良好的学习氛围。

第二节　教学过程创新

在传统的教学环境下,受教学时间、教学空间和教学资源及设备的限制,教学主要以班级授课为主要形式,以教材为主要学习资源,由讲授教材、分析和传授知识、巩固知识和运用知识几个环节组成。然而,在互联网教育环境下,翻转课堂、游戏化闯关学习、数字学习资源、社群互动工具、信息化教育管理平台、电子档案等信息化角色介入教学过程,改变了传统教学系统中的教学环境的时序结构,使知识的感知、理解、巩固和运用等融为一体,也使得教学过程更加符合教育心理规律。

一、教学过程的生态模式：形成多元化交互学习共同体

教学过程是"学生在教师的指导下，对人类已有知识经验的认识活动和改造主观世界、形成和谐发展个性的实践活动的统一过程"，其本质是教师有目的、有计划地引导学生，促使学生积极主动地发展，逐步达到培养目标的要求。在互联网信息技术支持下，互联网教育的过程就是师生充分利用现代信息技术，支持和利用多元化交互、满足学生个性化学习、提倡智慧课程教育、多元评价等，有目的、有计划地展开教与学的双边交流互动，形成多元化交互学习共同体，共同完成教学任务的认知活动与实践活动。

教学过程包括教师、教学媒体、教学信息、学生四个要素。随着互联网等新技术进入教育领域，教学过程的四个要素都将随之发生变化，它们之间的关系和作用方式也会发生变化，整个教学过程必然会被重构。如网络媒体带来了信息呈现的多媒体性、资源的丰富性与共享性、交互方式的多样性等特点。教师与学生的关系也发生了变化，教师不再是信息的唯一来源，学生可以通过互联网获取大量的信息资源，学生的学习活动也改变了单一的看书、听讲的传统方式，教师与学生之间的交互、学生与学生之间的交互的方式更为多样与灵活，新的互联网技术给传统教育带来了新的元素，渗透并参与重组整合，颠覆传统的教学过程。具体来讲，互联网教育给教学过程带来的重组主要体现在"四个改变"：互联网教育改变了教师、学生、教学内容和媒体之间的关系；改变了严格固定的教学进度和统一规范的教育体制；改变了教学交互方式；改变了教学组织形式。

一是改变了教师、学生、教学内容和媒体之间的关系。教学系统的结构包括教师、学生、教学内容、教学媒体四要素。互联网教育颠覆了传统的班级授课模式。在互联网教育的形式下，传统的教师角色发生颠覆性变化，教师由课堂教学的主导者和知识权威转变为教学的组织者、设计者，学习者的陪伴者、指导者、帮助者和促进者，学生良好品德的引导者和良好情操的培育者；学生由知识的被动接受者转变为学习的主体、知识建构的主体、情感体验与培育的主体。云教育、大数据、可汗学院、微

课堂、微学分、微学位、游戏化教学等新技术和新教育方式的出现,要求教育向分散化和协作化发展,颠覆传统的班级授课制。互联网教育在教育理念和教学模式方面的新实践,为教育变革提供了新的方向。

二是改变了严格固定的教学进度和程序。互联网教育打破了传统学校教育中严格固定的教学进度和统一规范的教育体制,以往传统的课程目标、内容、结构都受到学校严格的评价体系的控制和制约,而互联网教育将固定年级的课程转变为以短视频呈现,以知识点为单位,方便选取、方便学习、方便转让、方便销售,将更多的选择权和自主权给了学习者,以更实用、更个性化地满足学生需求。创始于美国可汗学院的翻转式教学就是一个很好的实例。

传统的课堂教学程序是学生先预习,然后教师上课讲授和学生听课,最后才是学生在课堂外做作业,教师批改。翻转式教学将这种过程反转过来。学生在课余时间就可以利用互联网在线视频自由上课、做作业、自主学习。在正式的课堂上,将自由学习和做作业中遇到的问题请教老师,老师在课堂上可以及时辅导,同学之间也可以相互交流、进行思想碰撞。

三是改变了教学交互的方式。在传统教学过程中,教师与学生的交互通常发生在学校中课上或课下的面对面交互,对于教师与学生来说这种交互的时间是恒定的,交互呈现出明显的单向化和单一化特征。教师与学生之间较多发生的是一对多的单向广播式交互。但是,在互联网教育背景下,教师与学生的交流方式有很多,除了传统的面对面的交流,还可以利用微信、微博、App等多种方式,实现与学生实时或异步的交互,实现一对多、多对多的交互,教师既可以与学生进行面对面的教学互动,也可以运用多媒体网络的交互控制性,与学生实现实时与非实时的交互,实现个别化辅助教学。借助社交网络,学生可以在教师指导下,与来自世界各地的不同领域的专家或学习伙伴进行交流、讨论,拓展和强化学科知识,这些都极大地提升了教学交互的效率。

四是改变了教学组织的形式。互联网教育背景下的教育环境、学习者的行为、教师的教学行为、教学资源的获取、师生关系的互动等都发生了变化。传统学校教育中的教学模式关注的是教师的知识传授,将信息技术视为教学实践中的辅助性工具,强调学习结果的重要性。互联网教育背景下,教学组织形式已经发生了转变。互联网教育有着虚拟时空一致、融合度较高的群体性特征,师生虚拟共享、共建共享。互联网等新技术与教学的双向深度有效融合视角下的教学模式构建更加关注学生主体性的发挥,主张将信息技术真正融入学科教学实践和学生学习实践。教师在教学过程中利用多媒体工具实现了大信息量的呈现,同时利用信息通信工具在课堂上实现了教师与学生之间信息的多向传递,这些大数据所带来的变化已深入到课堂中。

综上所述,互联网教育颠覆了传统的班级授课模式,打破了传统学校教育中严格固定的教学进度和统一规范的教育体制,改变了师生、生生交互的方式和范围,也改变了教育环境、学习者行为、教师的教学行为、教学资源的获取等,构建了全新的教学生态模式,形成了具有多元化交互的学习共同体。①

二、互联网教育颠覆了传统的班级授课模式

(一)人工智能教学的特点

1智能化

信息智能化是教育发展的重要趋势之一,其大量的数据隐藏着丰富的信息价值,在知识表达和运算推理的基础上,打造一个算法模型,它会通过这种高性能的并行计算让这种价值能量得到释放。在教育领域的将来会有更加多样的智能工具来支持教学的施展,智能教学给学习人员产生新的学习体验感。人机交互将愈加便利、智能,线上学习环境将与生活场景完美结合,终身学习会变成新常态。

2.自动化

与人相比,人工智能在编程、内存、规则、逻辑计算等方面更具优势,并且更擅长处理目标事务。对主观事物,如果没有足够明确的目标,会

---

①李瑞星,周苏.大学生创新思维与创新方法[M].北京:中国铁道出版社,2018:32-37.

有更大的难度,如数学、计算机等这些有着客观评估标准的工程操作,它们便于量化,并且高度自动化,更适合用人工智能来辅助完成。另外,利用自然语言处理和文本挖掘等新技术的开发,主观问题的自动评估技术也将会越来越成熟,并适用于大规模的考试。将来教师不再被束于繁重的评价活动中,可以将注意力大部分转移到教学安排中。

3. 个性化

个性化定制可以以学习者的个人信息、认知程度、社会信息、学习过程等数据库资料为参考依据,编写智能程序,构建学习者自主学习的模型,经过不断扩展和更新搜集到的数据来自我学习调整、优化模型参数。更好地按照学习者的个人需求进行客观分析和定量,实现个性化学习路径以及与之相关的服务。

4. 多元化

人工智能涉及许多学科,未来的教学内容需要适应其发展需要。比方说以国际为例,美国对 STEM 学习非常重视,我国政府则是高度重视和鼓励加强普及人工智能专业教育的应用,形成"人工智能+X"的新型培养模式。从人才培养的角度来看,学校方面应该更加注重教育的多方变革,一直以赢得未来国际化的多元化趋势为目标,实现教育领域的新创新,注重培养所有学生的素质,培养创新思维,为未来的发展注入新的血液。

5. 协同化

从时间的角度来看,人机协调发展是人工智能推动教育智能发展的趋势。从科学修养的角度来看,学习者根据自己的知识自主地构建和理解新知识的过程就是学习。因此,在智能学习背景下,教师和人工智能是不可或缺的,这是人工智能辅助教学的特点之一。

(二)"人工智能+教育"的优势

中国人工智能教育论坛为人工智能教育的进一步深入调研和应用提供了推动力,为人工智能与教育相适应提供了技术支持。人工智能的发展过程可以分为时间和技术两个维度。在发展过程中,人工智能与教育相互结合,取得了大量的研究成果,为"人工智能+教育"研究发展提供了坚实的理论基础。

1. 数据驱动为教育信息化发展引领方向

人工智能技术在教育领域的深入应用,促进了信息技术与教育的融合与创新。从较早时期以规则为基础的知识表达和推理,再到深入的以学习为基础的自然语言处理、语音识别和图像识别,人工智能在教育领域中经过了许多发展阶段。不仅是算法模型有了明显的改进,以大数据为模型的训练数据同样为人工智能增添了动力。大数据是以数据为材料和以认知计算为核心的,需要在大数据中挖掘知识,然后根据知识总结出智能化的决策。数据在如今已然成为各行业所看重的焦点,同样以大数据驱动的智能决策、服务也被学术界作为研究重点。大数据在教育领域中可以做到解释教育过程中发生的现象,揭示教育发展趋势和规律。数据驱动的方式为教育研究带来了从经验主义到数据主义的转变。由此看出,数据驱动的人工智能的新方向的教育数据革命已经来临。

2. 以深化应用推动教育教学模式变革

人工智能在实现教育卓越方面的重点是技术处于最前沿。同时,可轻易得出人工智能在教育领域的应用具有强烈的场景特征。该应用程序针对教育实践活动中的特定问题,并且具有明确的问题空间和目标定向。因此,驱动技术与教育的融合是教育领域技术的深入应用。比如,在自动口语评估中,特定对象可通过语音识别技术进行学生口语的自动评估。对人工智能技术在教育领域的深入研究,打造了一个可强烈感知、互动性强和无处不在的学习环境。它解决了学生学习知识和构建知识的条件障碍,为创新教学模式和应用提供了空间。

3. 采用融合的方式创新优化教育服务供给

人工智能使教育能够实现该领域的跨学科整合与创新。人工智能与许多相关学科密切相关,通过整合神经科学、认知科学、心理学、数学等基础学科,共同促进了教育人工智能技术的发展和应用。与此同时,人工智能本身的发展与人工智能教育培训是密不可分的。这种教育需要基于STEM学科的整合。人工智能和教育相辅相成、相互促进。创新教学模式,不同于以往的传统式教育,是通过教学方法改革,使教学在管理上趋向于智能化、高效化,跨域推理集成了来自多个不同领域的数据和知识,以建立坚实的智力基础。跨媒体感知计算基于对智能的感应,对场景的感知,视听、多媒体自主学习和理论方法,其目的是实现超越人类感知和高动态、多样化模式的大规模场景感知。人工智能技术与教学内容,教学媒体和知识传播路径的多层次整合突破了传统教育模式的局限。这是建立学习型社会的一种方式,每个人都可以随时学习和接受学习与教育。

在分析教育中人工智能的主要应用和典型特征的基础上,在大数据和深度学习的支持下,人工智能在关键技术上取得了重大意义上的突破。它促进了教育领域人工智能的多样化应用形式,为此提供了更加智能的学习服务体验。它展示了智能、个性化、多样性、自动化和协作的特征和未来趋势。在服务监督和治理政策的有效保障和指导下,开展理论和技术研究是促进人工智能与教育一体化的重要途径。

(三)人工智能在教学过程中的应用对策和措施

1.解决阻碍教学走向个性化的关键问题:使用AI技术

"人工智能+教育"是基于互联网和教育相结合的进一步发展。在开展教育生态的基础上,它越来越重视个性化教育服务的作用,改变以往的传统思想并与先进的科技相结合,个性化教育的可行性得到了很大的提高。评价是教学活动的重要组成部分,自动化测评技术的应用引发了评价方法和形式的巨大转变。该系统可以实现客观、一致、有效的评估结果,并及时反馈,减轻教师在其他工作中的负担,为教学决策提供真实可靠的依据。

通过"诊断报告单"这份材料,学习者不仅可以对自身知识点和能力点掌握的程度有所了解,还会了解这一段学习过程中的不足和缺陷,并据此给出建议和对策。借助人工智能,通过对学生学习成长过程与效果的数据形成"画像"诊断得到更高效率的学习,将学习情况反馈给学生和教师,教师就可以根据学生教学进度的不同对症下药,选择制定个性化的教学方式和内容完成教学目标,进一步提高教与学的效率、效果。

2.将解决个性化教学核心问题的 AI 技术打造成核心服务

典型的智能导师系统主要将领域模型、导师模型和学习者模型分为三个部分并融合在一起。领域模型同时也叫作专家知识,将学习领域的基本含义、规则和问题解决方式涵盖于同一系统当中,通常由层级结构、语句框架的形式表示,完成知识计算和诊断分析就是它的主要作用。在导师模型判断出适合学习者的学习计划和活动形式后,学习者模型在学习过程中深刻地表达了学生的认知方式、水平和情感。其实,学习者模型和领域模型所具备的三个要素,分别为教师、学生和教学内容的计算机程序实现。教学内容与计算机之间的关联是在教师与学生的传统关系上增添的,它们之间有全新的相互关系。领域模型的基础是智能化,教学模型根据学生模型分析判断出学习者当前的知识技能层次和情感状态,据其领域知识及其推理,做出适应性决定,以适应学习和制订个性化的教学计划。这种个性化的指导是尊重学习者的个性特征,包括学习风格、兴趣偏好等,以充分满足学习者的个性化需求。

人工智能技术的发展会带动教育信息化的进步。教师与学生在未来的教育研究、管理和规划等方面会面临诸多由于智能化变革带来的挑战和机遇,教育若想有更好的发展,就应积极主动去适应调节,借助现有的技术优势,以加快人才培养、教学方法改革,推动人工智能在教学、管理、资源建设等整个程序的应用,打造出智能、快速、全面的教育分析系统,建立起一个具有精准教育服务的教育环境,以学习教育为中心,可定制日常教育和终身教育,使其成为一种集智能学习、交互式学习为一体的新型教育体系。智能教育会给"人工智能+教育"人才培养体系建立提供一个坚固的保障,未来人工智能背景下智能教育会有效地加强信息技术与教育教学之间的融合与创新,为教育领域创造新的惊喜。

第三节 教学模式创新

一、教学模式创新的原因

(一)教学模式

教学模式是在一定的教学思想或教学理论指导下,为实现特定的教学目标而建立起来的相对稳定的教学活动的结构框架和活动程序。教学模式的功能包括以下几个方面。

1.理论与实践的结合体,解决理论与实践脱离的问题

新的课程标准从理论上提出了教和学的新要求,怎样落实?如何实施?通过教学模式的探索,即可以找到新课程理念的落脚点。换句话说,我们完全可以借助于新型教学模式去实现新理念,是把理论和实践结合起来的最有效、最直接、最便利的途径和工具。

2.教学的结构框架和操作程序,具有可操作性,能有效地提升教学水平

新型教学模式是手段、是程序、是方法,也是步骤。它既有对课堂结构框架的设计,也有对教学流程的规范,具有极强的可操作性,能有效地提升教学水平。

(二)课堂教学模式创新的原因

第一,传统的教学模式及其弊端。应该说,教学模式是伴随着学校的产生而产生、伴随着社会的发展而发展的,是早已有之,一直存在,而且还要继续存在下去的教育教学形式,从孔夫子开始就有了。孔子在学习过程中强调"学—思—习—行"。

中国古代一直是书院式教学。那是一种散漫的相对自由的学习方式,但是也是一种小范围、小规模的教育形式。到了近代,在西方,出了一个叫夸美纽斯(捷克著名教育理论家)的人,提出了班级式教学的新思路。此法一出,石破天惊,引来一场教育的革命。此后出现的凯洛夫(苏

联著名教育家)的五步教学法,组织教学、复习导入、讲授新课、巩固练习、布置作业,其核心的理论是教师中心论。美国实用主义教育家杜威提出"五段教学模式"——暗示、问题、假设、推理、验证,该模式强调学生的主体性,忽视教师的主导作用。以上两类教学模式都存在片面性,没能揭示教学活动的本质。以美国教育家布鲁纳为代表的"发现学习"教学模式,兼顾了教与学两个方面,强调教师主导和学生主体的统一。这次课程改革的两大理论基础,一是布鲁纳的发现学习和建构主义,二是加德纳(美国心理发展学家)的多元智力理论。新一轮的课程标准的实施,就是这一次课程改革的集中体现和标志,同时也是新的教学模式应运而生的时代背景和理论基础。

第二,教学模式是理论与实践的结合体,能有效地解决理论与实践脱离的问题。

第三,教学模式是教与学的结构框架和操作程序,具有可操作性,能有效地提升教学水平。

第四,教学模式是对教学经验的总结、概括、归纳与提升,是对教学规律的揭示。教学模式来自实践,是在名师名校经验基础上的智慧结晶,是在各学校和广大教师不懈探索基础上形成的课堂教学规律和流程。这些好的经验,早已得到广泛的实验和实践的检验,被证明是有效的。这些从实践中来的好经验再回到实践中去接受检验,对于那些不适合自己学校情况的部分做出新的探索,使之日趋完善、提高,实践证明这是一条改造课堂、改善课堂的捷径。

第五,教学模式不等于模式化。教学模式是相对稳定的教学活动的结构框架和活动程序,是相对的,不是绝对的;是发展变化的,不是静止的;是各具特色的,不是千人一面的;不仅是教学流程,更重要的是教学理念,教学流程只是载体,是外在的东西,灵魂是教育思想。

(三)构建新型教学模式的原因

1.构建新型教学模式是落实素质教育和课程改革目标的必然要求

如何把学生从应试教育的泥潭里解放出来,如何实现以人为本、以学生为本的教育,如何让孩子的天性、个性得到最大程度的发展,从操作层面上说,就是彻底实现学生学习方式的转变。只有这样,才能解放课堂、解放学生,也从根本上解放老师,实现师生的共同发展、共同成长。

国家基础课程改革纲要提出了课程改革的六大目标。

目标之一:功能。改变课程过于注重知识传授的倾向,强调形成积极主动的学习态度,使获得知识与技能的过程成为学会学习和形成正确价值观的过程。

目标之二:结构。改变课程过于强调学科本位、门类过多和缺乏整合的现状,使课程结构具有均衡性、综合性和选择性。

目标之三:内容。改变课程内容繁、难、偏、旧和偏重书本知识的现状,加强课程内容与学生生活经验以及现代社会、科技发展的联系,关注学生的学习兴趣和经验,精选包括信息技术在内的终身学习必备的基础知识和技能。

目标之四:方式。改变过于强调接受学习、死记硬背、机械训练的现状,倡导学生主动参与、乐于探究、勤于动手,培养学生搜集和处理信息的能力、获取新知识的能力、分析和解决问题的能力,以及交流与合作的能力。

目标之五:评价。改变过分强调评价的甄别与选拔功能,发挥评价促进学生发展、教师提高和改进教学实践的功能。

目标之六:管理。改变课程管理过于集中的状况,实行国家、地方、学校三级课程管理,增强课程对地方、学校及学生的适应性。

相应于六个目标,新课程追求六个理念:①倡导全面、和谐发展的教育。②重建新的课程结构。③体现课程内容的现代化。④倡导自主、探究、合作的学习。⑤形成正确的评价观念。⑥促进课程的民主化与适应性。

我们可以清楚地看出,要实现这些目标,唯一的途径就是转变教和学的方式,构建新型教学模式。

2. 构建新型教学模式是课程改革发展阶段特征的必然要求

课改以来,教师的教学观念、教师角色、教学行为、教学效果发生了显著的变化,但是,也存在突出的问题,主要是教学的有效性低。表现在自主学习表面化、合作学习形式化、探究学习肤浅化的倾向。要有效地突破教学改革的"高原期",就要引导教师反思教学实践,感悟教学实践,提升教学实践,揭示教学规律,就要在教学模式上有所创新。

3. 构建新型教学模式名师名校的成功之道

洋思中学提出"先学后教、当堂训练"的模式,每堂课教师都不要先讲,先让学生自学。学生不是盲目地自学,而是在教师指导下自学,教师的指导要做到"四明确",即明确时间、明确内容、明确方法、明确要求。"先学后教"的"教"字不是系统讲授的意思,是"点拨"的意思,教师根据学生的自学情况进行点拨,或规范其不准确的表述,或解答其疑惑的问题,或纠正其错误的理解。

它们所实施的著名的"堂堂清、日日清、周周清、月月清"的"四清"口号,不能不说是洋思中学课堂改革的一大创新。对洋思人来说"四清"是一个既定目标,也是常规教学的一部分,它使学生、教师感到有了责任,教师和学生也想出了各种各样有效"清除"学习障碍的方法,以保证程度中下学生学习上不掉队。

(四)学校强调教学模式的原因

一线教师既有改革的愿望,又有传统教学的惯性,特别是老教师,他们已经形成了一套较为完整的教学体系,并已驾轻就熟。虽然不能说这些做法都是科学的,但的确花费了他们不少的心血,他们中的一部分人不愿意放弃已经熟悉的东西去探索新的东西。

随着新的教学模式的推进,教师在实践中会逐渐感悟新的教学模式的功能和价值,逐渐认同新模式。当新的教学理念逐渐成为教师自觉行为的时候,学校就不必再做硬性规定了,即使让教师回到老路上去他们也不愿意回去了。所以说,新型教学模式的推进要有一个从强制到认同再到自觉的过程,等到教师能够驾轻就熟、出神入化地运用新模式时,就没有必要强调使用哪一种模式了。话说回来,在现阶段,在起步阶段限定教师在课堂讲授的时间,强调全校推行一种教学模式是完全必要的。

学校有一个统一的教学模式,才能使学校教研活动有明确的主题,形成教研活动专题化、系列化,改变教师自觉自发搞教改、单兵作战甚至是孤军作战搞教改的状况,才能使教师形成合力,相互激励,有效地开展教改和教研活动。[①]

二、教学模式创新的策略

(一)教学模式要创新,教学观念需转变

第一,所有从事职教工作的人员都应具有创新意识,能够推崇创新、追求创新和以创新为荣,善于发现问题和提出问题。唯有办出特色,才能办出水平,才有真正的发展。办学观念、理念需要有特色,教书育人需要有特色,学习生活需要有特色,一切工作都应当具有自己的特色。特色从哪里来?要学习取经,而更主要的是创新,唯有创新才能有特色。

第二,应具有创造性思维,善于打破常规、突破传统观念,具有敏锐的洞察力和丰富的想象力,使思维具有超前性和独创性。

第三,应具备创造能力,教育工作者自身应具有开阔的视野,善于分析综合信息。教育教学工作由经验型转向科研型,教师工作也应由教书型转向专家型与学者型。

第四,应具备创新人格。主要包括责任感、使命感、事业心,执着的爱,顽强的意志、毅力,能够经受挫折,具有健康的精神状态和心理素质。

(二)教学模式要创新,教学主体需开放

教学的创新,首先是对教学主体的开放。主体的开放强调以人为本,发挥学生的主体作用。创新学习,讲究公平,承认差异,尊重人性,呼唤安全自由,让所有的学生都享有优质教育的权利。在教学中,教师要充分发挥学生的学习主动性、积极性,尊重信任学生,给学生以自信、自主、自由,既让他们独立学习,又让他们合作讨论、大胆猜想、质疑问难,不唯师,不唯书,不受旧理论、旧观点的影响,敢于争辩。教师要尊重学生的人格,引导学生善于发现问题、解决问题。要学会借助工具书、参考资料解决在学习中碰到的困难,引导学生善于运用教师教给的学习方法在自己的学习中灵活运用,形成知识社会所需要的更高的自学能力、技术能力、终

[①]张慧彦,包红霏. 高校教学模式创新研究[M]. 延吉:延边大学出版社,2018:44-50.

身学习能力,使学生成为课堂的主人、学习的主人、创造的主人。

(三)教学模式要创新,教学内容需开放

教学应有利于激发学生兴趣,有利于发展学生智力,不但要教学科知识,而且要教涉及本学科内容的其他学科知识,加强学科间的渗透。要克服封闭性的、陈旧的学科观念,以开放性的问题(一般并非只有唯一答案)为中心组织综合性的自主探究学习、体验式学习。让学生运用多学科知识,参与处理现实生活中的实际问题,从而促进教学真正向学生开放、向生活开放、向未来开放。随着社会的发展,职业教育必将冲破学校的范围与社会接轨。

(四)教学模式要创新,教学过程需开放

教学过程是动态的,也应该是开放的,教师要拓展学生创新的时空,充分展示学生的创造才干,开发学生的创新潜能。过程开放是开放教学的重要标志,这里所指的过程包括学科知识、技术技能发生的过程,学生认知结构发展的过程和体验的过程。注重教学过程,要求教师既要讲知识的结论,更要讲知识的发生过程。要注重学生认知结构发展的研究,加强学法指导。要组织学生参与讨论交流、归纳总结等各环节,提高学生的自我体验,让学生在学习过程中得到发展。

(五)教学模式要创新,教学资源需开放

首先是教师资源的开放。从事职业教育的教师,一般是具有专业技术的人才,各有专长,各具特色。班级授课制某种程度上限制了教师的授课面,为了让学校真正成为每个学生成才的摇篮,应做到如下两点:一是集体备课,二是开放教学。学校内的每一位教师要向全校学生开放,学生有不懂的问题,可随时向任何一个教师提问,而不受年级、班级和学科限制。其次是物质资源的开放。教学开放就要充分发挥现有资源的应有价值。

(六)教学模式要创新,教学评价需开放

教学评价在教学中起着举足轻重的导向作用,教学能否取得成效,在某种程度上取决于教学评价的方法。目前在检查教学效果的方法上,一

些教师比较重视考核结果,但现代教学评价主张全面、整体、积极、有特点地评价学生的学习。第一,对学生要全面整体地评价,既考查知识,也考查技术和能力;既有主观评价,也有客观评价;既有定性评价,也有定量评价;既有教师评价,也有学生自评、互评。第二,对学生学习成绩的评价应大量运用准则参与评价,这种评价将学生的成绩与事先制定好的目标和标准进行比较,肯定能收到预期的效果。既考虑学生的起点基础,又按提高的幅度参照性评价,"不求人人成功,但求人人进步"。第三,要有特点地进行评价。它是指在对学生进行评价时,要考虑不同学生的差异性,根据每个学生的特点进行评价,改变那种"千人一面,万人一项"的评价方法,使不同的学生都各有所得。

(七)教学模式创新的思路

大凡有生命力的教学模式,总是随着教育实践、教学观念和教学理论的变化而不断发展的。欲具有教学个性,就必须学习先进的教育理论,吸收学科教改前沿的科研成果,摸索出适合自己的教学模式,并在教学实践中不断改进。开放、变化、发展是教学艺术的生命之路,三者中开放是前提,而变化的依据便是要有利于培养学生的创新人格、创新思维、创新能力,在此基础上才是发展。一种教学模式无论怎样独特优秀,总有这样那样的局限性,要经常性地吸收其他模式的合理因素,不断优化自己的教学模式。同时,要让学生了解教师的教学模式,积极征求学生的意见,师生共同创建富有班级特色的教学模式,使教育过程成为真正体现以学生为主、师生共同参与的过程。

三、混合式教学是一种教学模式创新

高职院校混合式教学模式,从本质上来说就是把各种类型的学习方式科学地融合在一起,将传统的学习优势与信息化技术有机结合起来的产物,这样不仅教师在教学中的引导作用可以充分发挥出来,同时充分体现学生在学习中的主体地位。在混合式教学模式下,传统高职院校课堂学时有限、内容拓展不够的问题都得到了良好的解决,进而有效提高了高职院校的教学效果。另外,混合式教学模式还有利于控制教学成本,将高职院校的运行效率提升上去。

(一)高职院校混合式教学模式创新现状与背景分析

1.高职院校混合式教学模式创新现状

高职院校在混合式教学模式创新过程中,应当切实认识到跟风、浮躁和短视都会违背混合式教学的初衷,最终无法使混合式教学的优势充分发挥出来。虽然混合式教学模式能有效地降低教学成本,但是降低成本并不是这一教学模式的最终目的。目前,部分高职院校在混合式教学中,为了降低教学开支,不断提高在线教学时长,并压缩教师的数量,这不利于满足高职院校师生的社交需求,造成本末倒置。我们必须清醒地认识到,假如高职学生缺乏社会沟通和交往能力,那么他们踏上社会必然面临更加严峻的就业形势,这显然违背了高职院校混合式教学模式创新的目标。因此,我国广大高职院校必须对混合式教学模式创新研究引起高度的重视,正确地理解混合式教学模式的本质和内涵,最终运用混合式教学模式培养出素质较高的综合型人才。

2.高职院校混合式教学模式创新研究的背景

混合式教学模式最早是从国外引进过来,它把传统教学的优势与数字化紧密地结合在一起,使得教学效果有了显著的提高。目前我国多数高职院校的软硬件资源已经比较完备,拥有自己的实验室、软硬件资源和数字化教学设施,无线网络基本在全校实现了覆盖,这样的条件为混合式教学模式的创新研究提供了良好的外部条件。但是也应清楚地认识到,各级高校扩招导致目前我国高职院校学生生源质量下降的趋势非常明显,这就给混合式教学模式的有效实施造成了不利的影响。此外,高职院校学生历经多次选拔,学生的自信心受到打击,这些问题的存在,都对混合式教学模式的创新研究带来了不利影响。

(二)高职院校混合式教学模式内容和类型概述

1.以课堂教学为主、网络教学为辅的教学模式

这一教学模式类型中,教师在教学中处于主导地位,教师在教学平台为学生传授知识。课下学生借助网络在线自主学习,把课堂教学中存在

的疑问化解,并补充学习一些重要的知识点。以课堂教学为主、网络教学为辅是目前最常用的混合式教学方式,但这一类型的教学方式也存在以下弊端:学生在学习中依然处于被动接受的地位,学生的学习积极性和主动性依然没有被完全调动起来,教师承担了较大的教学压力,不仅需要从网络上下载整合教学资源,还要做好网络在线学习平台的建设与维护工作。

2. 以网络教学为主、课堂教学为辅的教学模式

该模式是第一种教学模式的延伸,要求学生主要在网络平台上掌握学习知识,并将自己在学习中遇到的疑点、难点、重点在课堂上解决,教师可以利用该模式下节省出来的课堂教学时间,制作出需要的网络教学课件。该模式在具体运用中要做好以下几点:第一,网络在线教学内容必须丰富多彩,学习目标、内容和任务必须明确;第二,要对网络在线学习教学资源进一步加以完善,把学生的学习主动性和积极性调动起来;第三,随时掌控学生在网络在线教学过程中的学习进度,保障教学效果;第四,把有效的考核办法建立起来,对该教学模式在教学实际中的效果进行检验。

3. 课堂教学和网络教学深度融合的教学模式

课堂教学与网络教学深度融合的混合式教学模式,指的是两种方式同步进行的教学模式,学生通过在线课堂学习理论知识,教师在线下课堂为学生解答实践中遇到的难题。在这种模式下,学校不仅要投入大量资金构建硬件和软件系统,同时还要在教学管理模式方面进行彻底的改革,所以这种教学模式应用难度相对较大。

(三)高职院校混合式教学模式创新的意见和建议

1. 构建完善的混合式教学管理机制

高职院校混合式教学模式创新研究要想得到有效的开展,教学管理机制的构建是前提和基础。此机制的构建主要涵盖两个方面:第一,对混合式教学在课堂教学中所占的比例和效果进行统筹考虑,并要求教师充分理解该模式的优势。第二,要让学生对于混合式教学模式做出正确

的评价,并对现行混合式教学管理机制的优劣及时进行反馈。这是构建混合式教学模式创新管理机制的两个重点内容,只有把上述两个方面都做好,混合式教学模式的优势才可能充分发挥出来。

但纵观我国高职院校目前的混合式教学模式应用,过于注重形式轻视实效的现象依旧存在,造成教学质量提升有限,还给教师教学带来了较大的负担。所以,为了能够有效地发挥出这一教学模式的优势,高职院校混合式教学必须根据不同课程内容及特点做出合理的安排,同时各校尽量根据自身实际情况,因地制宜采用多种教学形式组合,这样才能取得好的教学效果。

2. 建立健全高职院校教师激励机制

要想把高职院校混合式教学模式落到实处,就必须把教师的教学积极性以及创造性激发出来。传统的高职院校教学模式中,由于管理理念落后、教学管理机制僵化,对教师的需求不加重视,往往在教学中单纯关注短期的实效性,这是造成高职院校教学质量不断下降的重要原因。鉴于此,高职院校要想实现混合式教学模式的创新,就必须充分关注教师的需求,不仅要满足他们在物质层面的需求,同时也要关注他们在精神层面的需求,通过构建教师激励机制,激发他们的教学责任感与成就感,这样高职教师才能对混合式教学模式的有效实施进行探索和创新,进而达到混合式教学模式创新研究的目的。

3. 完善混合式教学模式的线上课程资源

高职院校要想实现混合式教学模式有效的落实,必须对线上课程资源进一步加以完善,这样高职院校教师才会拥有更加丰富多彩的教学模式。这个目的要想得以实现,高职院校应在完善教学资源的过程中,以具体的课程内容作为蓝本,在网络上搜寻相对应的教学资源,并使用信息化技术把这些资源充分利用起来。另外,高职院校应当尽量向教师和学生提供线上课程资源,借助多媒体技术,把这些资源收集起来并建立课程资源库。最后,高职院校教师应当学会灵活运用这些线上教学资源,进而在整个教学模式的创新中取得最好的教学效果。

4.强化教学资源整合与教学平台建设

要认真调查研究混合式教学模式中的教学资源利用情况,针对调研发现的问题,把科学合理的教学资源分配与利用方法制定出来。第一,高职院校对线上平台建设要引起重视,并充分整合现有的教学资源,找到影响混合式教学的不利因素,采取有效措施解决这些问题,把教学资源在混合式教学中的作用充分发挥出来。第二,加大线上平台的使用力度。高职院校要把互联网信息技术的效能充分挖掘出来,建立完善的网络品牌,把数字化校园变为现实,建立高效的线上教学平台,并且与传统的课堂教学相结合,建立起一个高效率的混合式教学的综合平台,鼓励师生使用线上平台开展教学与学习,充分利用教学资源的效能,推动混合式教学模式的效果与质量全面提开,推动混合式教学模式实现全面发展,并在高职院校教学中进一步普及。

参考文献

一、专著

[1]鲍玮.高职教育实践教学体系的建设探索[M].天津:天津科学技术出版社，2017:36-41.

[2]李臣之.校本课程开发[M].北京:北京师范大学出版社,2015:71-76.

[3]李瑞星,周苏.大学生创新思维与创新方法[M].北京:中国铁道出版社,2018:32-37.

[4]李艺潇.大学生创客教育与创新创业[M].延吉:延边大学出版社,2019:55-60.

[5]李宇卫.普通高校思想政治理论课实践教学概述[M].成都:西南交通大学出版社,2016:111-116.

[6]刘丽群.教科书内容的选择与形成:知识准入课程中的国家介入[M].长沙:湖南师范大学出版社,2013:23-27.

[7]王亚苹.创意创新创造课程设计与实施[M].北京:北京邮电大学出版社,2016:61-69.

[8]肖志坚,张文福,胡新根.高职教学改革案例分析与创新[M].北京:冶金工业出版社,2020:142-147.

[9]杨鹏.实践教学改革与探索[M].北京:北京理工大学出版社,2019:36-41.

[10]苑永波.创客教育教学与研究[M].哈尔滨:黑龙江人民出版社,2018:66-69.

[11]詹青龙,杨晶晶,曲萌.高校创客教育的智慧化发展研究[M].北京:北京交通大学出版社,2019:115-121.

[12]张慧彦,包红霏.高校教学模式创新研究[M].延吉:延边大学出版社,2018:44-50.

[13]张立昌.课程设计与评价[M].长春:东北师范大学出版社,2017:31-40.

[14]郑彦云.大学生创新创业能力培养[M].广州:暨南大学出版社,2017:120-131.

二、期刊

[1]钱昭楚.大学生创新能力的价值内涵及培养路径[J].中国成人教育,2016(1):83-85.

[2]孙秋莲.基于产教融合的"双高计划"校内电子商务实训基地建设研究[J].数码设计(下),2020,9(6):287.

[3]武晋海,吴建虎,于有伟,等.高校工科实践教学在产学研合作中的作用研究[J].山西青年,2021(4):54-55.

[4]张若安,吴金华,李健.以实践为导向的电子电工技术教学模式探析[J].湖北农机化,2019(19):118-119.

[5]朱懿,许淇星.基于教师课程设计理论的大学生创新创业能力开发研究——广西本科生创业和创新能力开发研究之一[J].广西民族师范学院学报,2020,37(2):126-128,139.

三、学位论文

[1]陈振.基于实训基地建设的职业院校(园区)空间结构模式研究[D].南京:东南大学,2016:12-17.

[2]侯伯军.大学——产业合作及其对产业创新绩效的影响研究[D].合肥:中国科学技术大学,2019:11-19.

[3]王晓卫.地方高校大学生创新实践能力培养的研究——以管理类专业为例[D].青岛:青岛大学,2017:22-30.

[4]于响生.地方高校产学研合作模式及运行机制研究——以绍兴文理学院为例[D].杭州:浙江工业大学,2011:22-27.